苏式生活
民俗风雅

施伟萍 / 编著

图书在版编目（CIP）数据

苏式生活 民俗风雅 / 施伟萍编著. — 苏州：苏州大学出版社, 2021.11
ISBN 978-7-5672-3709-4

Ⅰ. ①苏… Ⅱ. ①施… Ⅲ. ①风俗习惯 - 介绍 - 苏州 Ⅳ. ① K892.453.3

中国版本图书馆 CIP 数据核字 (2021) 第 242380 号

书　　名	苏式生活 民俗风雅 Sushi Shenghuo Minsu Fengya
编 著 者	施伟萍
责任编辑	冯　云
装帧设计	陆思佳
封面设计	刘　俊
出版发行	苏州大学出版社（Soochow University Press）
社　　址	苏州市十梓街1号　邮编：215006
印　　刷	苏州工业园区美柯乐制版印务有限责任公司
网　　址	www.sudapress.com
邮　　箱	sdcbs@suda.edu.cn
邮购热线	0512-67480030
销售热线	0512-67481020
开　　本	700 mm×1 000 mm　1/16
印　　张	13.75
字　　数	191 千字
版　　次	2021 年 11 月第 1 版
印　　次	2021 年 11 月第 1 次
书　　号	ISBN 978-7-5672-3709-4
定　　价	49.00 元

凡购本社图书发现印装错误，请与本社联系调换。服务热线：0512-67481020

前　言

　　苏式生活，恬淡而隽永，崇尚自然而蕴含艺术气息，但苏式生活又只是世世代代的苏州人寻常的生活方式。每当我们提及"苏式生活"一词，心中油然充满着向往和自豪。本教材是专门针对通识课程而编写的，只要对传统文化有兴趣的大专院校学生，都可以参考本教材进行学习。

　　本教材采用理论和实践相结合、案例分析展示和民俗活动场景再现等方式，结合网络资源和影像资料，让大专院校的学生通过该教材的学习，感受中国不同地域的风土人情，特别是苏州那粉墙黛瓦的民居、小桥流水的街巷及温婉可人的吴侬软语。这些生活细节可以让大专院校的学生切实感受精致典雅的苏式生活。

　　本教材的特色主要有以下三个方面：

　　第一，本教材将中国历史悠久的民俗，尤其是具有苏州特色的传统风俗中的娱乐活动和美味佳肴呈现出来，让大专院校的学生体会中国的民俗特色，了解中国的民俗故事及民俗文化的历史演变，体验苏州的民俗活动。

　　第二，本教材通过对中国人的人生大事的礼节程式、民俗活动的形态展示，来寻找对中国传统生活的记忆，培养大专院校学生对中国传统文化的兴趣，点燃他们探究中国古老民俗活动奥秘的热情，让他们了解中国人的文化背景和民俗文化的根基。

　　第三，本教材致力于弘扬承载着吴地深厚的传统文化底蕴和高雅的审美趣味的吴文化，大专院校的学生通过本教材的学习可以提高自身的文化素养和学习传统文化的能力。

苏州市施伟萍来溪语文名师工作室的主要成员李彦、江婧、周密、朱艳华四位教师一起参与了本教材的编写工作。教材内容由苏州国际教育园课程联盟制作成慕课，先后在智慧树、超星、高校邦等大型网络课程平台上运行，受到大专院校学生的欢迎，该课程被评为苏州市精品课程。本教材在编写过程中，得到了许多同行的关心和指导，在此深表感谢。由于笔者学识水平的局限，教材中可能存在诸多问题，敬请批评指正。

施伟萍

2021 年 5 月

目　录

绪　论

第一章
揭开古老神秘的东方面纱

第一节　《红楼梦》的民俗描写 / 011
　　一、赏析《红楼梦》的民俗描写片段 / 011
　　二、理解《红楼梦》的民俗文化内涵 / 014

第二节　溯源中国民俗文化 / 020
　　一、中国民俗文化的特征 / 020
　　二、中国农耕习俗的渊源 / 023
　　三、五谷的传说和习俗 / 025

第三节　纵览中国民俗信仰 / 028
　　一、各民族不同的风俗 / 028
　　二、中国人的民俗信仰 / 031

第二章
感受苏州民俗的别样风情

第一节 阖家欢乐过春节 / 037
  一、准备年事 / 038
  二、庆贺新春 / 041

第二节 热闹喜庆的苏式婚礼 / 046
  一、准备婚事 / 046
  二、苏式婚礼民俗 / 050

第三节 四季苏式美味佳肴 / 055
  一、苏州春季美食 / 056
  二、苏州夏季美食 / 059
  三、苏州秋季美食 / 063
  四、苏州冬季美食 / 067

第三章
领略苏州民俗的独特魅力

第一节 香雪海赏梅花 / 075
  一、邓尉山探梅 / 075
  二、司徒庙"清""奇""古""怪" / 078

第二节 南浩街"轧神仙" / 083
  一、吕洞宾与"轧神仙" / 083

二、"轧神仙"与神仙庙 / 086

第三节　端午节赛龙舟 / 089
　　一、端午节与伍子胥 / 089
　　二、端午节的习俗 / 094

第四节　石湖赏串月 / 098
　　一、石湖赏串月的由来 / 098
　　二、石湖与范成大 / 101

第五节　天平山观红枫 / 104
　　一、天平山的红枫 / 104
　　二、天平山与范仲淹 / 107

第六节　寒山寺听钟声 / 110
　　一、张继与《枫桥夜泊》 / 110
　　二、寒山寺与寺钟 / 113

第四章
体会苏式生活的精致典雅

第一节　苏州人的一天 / 119
　　一、苏州人的一天，从一碗面开始 / 119
　　二、体验苏式生活的一天 / 124

第二节　苏式生活的悠闲自在 / 132
　　一、老苏州的原味生活 / 132

二、平江路——一条温婉低吟的名街 / 136
三、山塘街——一条轻舞水袖的老街 / 143

第三节　苏式生活的精致典雅 / 149
一、苏州枕河民居及特色建筑 / 149
二、佛塔、古桥、古寺 / 153
三、苏州传统手工艺与民间艺术 / 160

参考文献

附　录

附录一　《清嘉录》目录 / 176
附录二　《桐桥倚棹录》目录 / 187

任务检测

写在后面的话

绪 论

风俗、风雅、风情……

风俗是乡土呼吸的气息，风雅是乡愁凝结的滋味，风情是乡风轻抚的声音。

本教材先从中国古典小说《红楼梦》中的民俗讲起，阐述不同地方、不同时代的风土人情；然后从苏州的节俗、婚俗、食俗三个方面具体介绍中国的民俗文化形式；最后由面到点，重点介绍苏州的民俗活动，让大专院校的学生了解中国的传统文化，感受民俗活动中体现的文化传承、民族品格。

古老的中国，仿佛披着一层神秘的面纱，令人向往。盘古开天辟地、女娲抟土造人……美丽的神话传说，展示着东方古国的独特魅力。拥有煌煌五千年文明史的中国，具有丰富多彩的民俗风情。当我们置身在这个具有独特的民俗风情的环境里，也会有别样的感受。从传统的节日风俗里，我们可以清晰地看到从古至今的中国人社会生活的精彩画面。例如，春节这个传统节日经过漫长的时空演变，已经成为中国社会典型的文化符号。同样，中国人繁杂而有序的婚俗演绎着生命的延续，四季美食的丰富多彩和不时不食的传统理念都蕴含着深刻的文化内涵。

苏州不同季节的民俗及其文化内涵特别丰富。一般都会有相关的历史渊源和民间传说，并附有相应的传统节日活动，如农历二月邓尉山探梅、农历四月南浩街"轧神仙"、农历五月端午节赛龙舟、农历八月石湖赏串月、农历十月天平山观红枫、农历除夕寒山寺听钟声等。

苏州这座古城宛如一名江南女子，一颦一笑间流露其精致与典雅。苏州人在日复一日、年复一年的柴米油盐中活出了精致得体的"生活美学"。所有的细节皆为苏州人的日常生活而存在，苏州人与昆曲、评弹为邻，余音柔婉缠绵；与河水为伴，两岸风景独好。漫步苏州的街巷，走走停停，寻找着、感受着恬淡、宁静、有深度的苏式生活。"君到姑苏见，人家尽枕河。古宫闲地少，水港小桥多。"这是唐代诗人杜荀鹤在《送人游吴》中对苏州的描写。苏州水的柔软，隐约散发出一种稳妥的气息。苏式生活充满了文化气息，吴文化浸润到苏州人的骨子里，顺着疏密有致、纵横交错的根脉细细往内探求，你会发现园林、美食、趣玩和吴侬软语都是苏州人由内而外溢出来对生活的热爱和不事张扬的欢喜。

苏州是一幅水墨画。每一面青瓦白墙，每一条沁凉的石板路，色彩层次分明，毫不单调。苏式生活，是一种日子、一段记忆、一缕味道。苏式生活是投射在粉墙黛瓦间的一缕温暖晨光，也是缭绕在唇齿间的一抹碧螺春茶香；是古典园林曲径通幽的绵长惊喜，也是太湖畔垂柳的轻舒慢摇；是平江路上传来绵长的古琴雅韵，也是天平山枫林间信步的悠闲自在。老苏州人将自己的平常日子，过得像唐诗宋词一样风雅。小桥流水、枕河人家、粉墙黛瓦，皆是苏州独特的风土人情。

不知风俗，不兴风雅，何解风情？

第一章

揭开古老神秘的东方面纱

古老而神秘的东方古国——中国仿佛披着一层面纱，令人心驰神往。从盘古开天辟地、女娲抟土造人开始，就演绎了美丽的神话传说。5 000多年前，黄河孕育了中华民族传说中的部落首领——黄帝和炎帝，从此这块土地上的人民开始将文明的种子撒播开来，种子生根发芽。中国拥有数千年的历史遗迹，其中颇具代表性的、成为中华民族的象征和骄傲的是长城（图1-1）。中央电视台纪录频道播出的12集纪录片《长城：中国的故事》为我们讲述了中国长城的诞生、兴盛与衰落的故事，并试图还原一个真实的长城，解读古老中国如何成为今天的模样。此外，中国还有被誉为"世界第八大奇迹"的秦始皇陵及兵马俑坑（图1-2）。中央电视台纪录频道播出的大型纪录片《兵马俑的神秘主人》为我们展示了兵马俑的真实面貌及其与秦始皇的关系。兵马俑是古代墓葬雕塑的一个类别，它对于我们了解历史有着重大的意义。

图1-1　长城

图 1-2　秦始皇陵及兵马俑坑

中国是目前地球上人口最多的国家，中国人口约占世界总人口的1/5。这片美丽而神奇的土地上诞生了一个由56个民族组成的大家庭，中国人有着各种贴近自然的传统生活方式。中国地域辽阔，从广袤的沙漠到绵延的森林，从无垠的草原到富饶的海洋，这里有各种珍稀动物，如大熊猫、滇金丝猴、藏羚羊等。特别是四川成都大熊猫繁育研究基地，是世界著名的大熊猫迁地保护基地、科研繁育基地、公众教育基地和教育旅游基地。该基地占地面积1 500亩（1平方千米）。作为"大熊猫迁地保护生态示范工程"，该基地以保护和繁育大熊猫、小熊猫等中国特有濒危野生动物而闻名于世。这里山峦含黛，碧水如镜，林涛阵阵，百鸟谐鸣，被誉为"国宝的自然天堂，我们的世外桃源"。

中国人秉承古老而神秘的生活传统，也善于吸纳现代文明的成果，中国人正演奏着古今交汇的交响曲。中国自古就有"入国问禁，入乡随俗"的民间传统。民俗是贴近生活、历经世代锤炼和传承的文化传统，也是流传于一个民族大众生活的文化现象。

我们来欣赏两幅中国古代的名画，感受一个从传统走向现代的原汁原味的中国。

第一幅是北宋画家张择端的《清明上河图》(图 1-3),此画是中国十大传世名画之一。《清明上河图》为北宋风俗画,是张择端仅见的存世精品,属国宝级文物,现藏于北京故宫博物院。《清明上河图》长 528.7 厘米,宽 24.8 厘米,绢本设色。作品以长卷形式,采用散点透视构图法,描绘了北宋时期都城东京(又称"汴京",今河南开封)的状况,主要是汴京及汴河两岸的自然风光和繁荣景象。《清明上河图》也反映了当时的民间风俗,类似今天的节日集会,人们借以参加商贸活动。全图大致分为汴京郊外的春光、繁忙的汴河码头、热闹的城内街市三部分。这在中国乃至世界绘画史上都是独一无二的。在 5 米多长的画卷里,共绘了数量庞大的各色人物,牛、马、骡、驴等牲畜,车轿、大小船只等交通工具,房屋、桥梁、城楼等建筑。这幅画具有很高的历史价值和艺术价值。

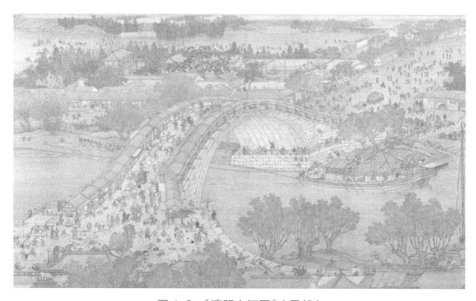

图 1-3 《清明上河图》(局部)

第二幅是清代画家徐扬的《姑苏繁华图》(图 1-4),原名《盛世滋生图》,是中国国家一级文物,原系清宫珍品,现藏于辽宁省博物馆。擅长人物、花鸟、草虫的苏州籍宫廷画家徐扬用了 24 年创作了此画。该画以长卷形式和散点透视技法，反映了当时苏州"商贾辐辏，百货骈阗"的市井风情。这是继北宋《清明上河图》之后的又一宏伟长卷，全长1 225厘米，宽35.8厘米，比《清明上河图》长一倍多。画作描绘了一村、一镇、一城、一街的景物，画笔所至，连绵数十里内的湖光山色、水乡田园、村镇城池、社会风情跃然纸上。画面中市镇密集，商旅如织，船楫相连，水运繁忙，写尽了乾隆盛世时姑苏的繁华景象。

图1-4 《姑苏繁华图》（局部）

《姑苏繁华图》中的"一街"就是苏州的山塘街。山塘街位于苏州古城西北部，全长3 600米，为唐代著名诗人白居易于宝历元年（825年）任苏州刺史时修筑，距今已有1 000多年的历史，但是仍保持着"水城古街""一街一河"的格局。清代顾禄的《清嘉录》是一本记述以苏州风俗为主的江南岁时风俗的专著，其中专门提到山塘街的民俗就有二月的"百花生日"、三月的"山塘看会"、五月的"山塘竞渡"、六月的"珠兰茉莉花市"、七月的"虎丘灯船"、八月的"山塘桂花节""虎丘中秋曲会"等。其中，花会、曲会一直传承至今。现在的山塘街还流传着附有曲谱的明代苏州民歌《大九连环》："上有天堂，下有苏杭。杭州有西湖，苏州有山塘。两处好地方，无限好风光……"苏州评弹《姑苏好风光》就是根据这首民歌改编而成的。《姑苏好风光》充满了浓厚的苏州韵味，描绘了苏州的春、夏、秋、冬四季风景及风土人情。苏州评弹名家盛小云演唱的《姑苏好风光》，柔声细语，婉转动听，尽显苏州吴侬软语的魅力。

如果你去山塘街转一圈，就会遇到身穿蓝花布、手挎竹篮的卖花姑娘，她们会热情地问："阿要买栀子花、白兰花？香是香得来，快来闻一闻！"婉转动听的音调一定会让你感到像六月里喝了一杯冰镇汽水。这边卖花姑娘的卖花声还在空中回荡，那边"阿要买热白果，香是香来糯是糯，粒粒开花大白果……"的市井叫卖声不绝如缕。还有卖腌金花菜、肉粽子、赤豆糖粥等的叫卖声。听着此起彼伏的山塘街叫卖声，那回味无穷的韵味，会让你真正感受到什么叫吴侬软语。你一定会忍不住去尝一尝那美味的苏式民间小吃，直到吃得撑不住才罢休。民俗就是我们的生活，民俗就是社会生活史的"活化石"！

第一章 揭开古老神秘的东方面纱

第一节 《红楼梦》的民俗描写

《红楼梦》是一部具有几百年岁月印痕的经典小说,它除了具有极高的文学和美学价值外,还是一部记录中国民风民俗的百科全书。翻开小说《红楼梦》,民俗风情描写扑面而来。《红楼梦》中的节令庆典、衣食住行都蕴含着中国传统的民俗特色。

苏州的山塘街位于繁华的城西阊门外,苏州阊门是古典名著《红楼梦》开头提及的地方。"当日地陷东南,这东南一隅有处曰姑苏,有城曰阊门者,最是红尘中一二等富贵风流之地。"而《红楼梦》中的民俗描写更值得我们去探究。

一、赏析《红楼梦》的民俗描写片段

曹雪芹在《红楼梦》的第一回"甄士隐梦幻识通灵 贾雨村风尘怀闺秀"中写道:"因曾历过一番梦幻之后,故将真事隐去,而借'通灵'之说,撰此《石头记》一书也。"小说写了贾宝玉和林黛玉的前世之缘:女娲炼五色石补苍天,有一块石头因"无才补天"被女娲遗弃在青埂峰下,但此石经锻炼之后,灵性已通,而后变作人形,到警幻仙子处做了赤瑕宫神瑛侍者。不久,此石遇见了一棵绛珠仙草,日日为她灌溉甘露,后来又被一僧一道携了投胎下凡做人,他就是贾宝玉。而那株绛珠仙草为了报答甘露之恩,也跟着下凡,她就是林黛玉。

《红楼梦》写的"女娲炼石补天"的神话,在西汉刘安的《淮南子·览冥训》中有记载,"往古之时,四极废,九州裂,天不兼覆,地不周载……于是女娲炼五色石以补苍天"。《红楼梦》又名《石头记》,主人公贾宝玉出

生时嘴里就含了一块玉石,这块玉石原为女娲补天时炼的五色石,天补完之后,多了一块石头,女娲没有用上,这块石头也一直因"无才补天"而苦恼,后来这块石头便一直留在当时的一个悬崖边。一个和尚和一个道士看到了这块石头,石头便对他们说:"我想到凡间走一走,也不枉此生。"和尚和道士便把它缩小了,带到了凡间,这块石头便脱胎转为贾宝玉口中的那块玉石了。这块"无才补天"的石头既是被称为神瑛侍者的贾宝玉的前身,也是贾宝玉戴着的那块玉石。这块晶莹的"通灵宝玉"挂在贾宝玉的脖子上,随身而藏,成了"护身符",不可分离。贾宝玉戴着它就聪明灵秀,不戴的时候就浑浑噩噩、疯疯癫癫,最后这块玉石回归于青埂峰下。显然,作者写这块补天不成的石头,体现了远古流传下来的中国人对玉石的崇拜情结。

1987年版的电视剧《红楼梦》片头就有这样一段话:据说,这是一个刻在石头上的故事,由于岁月的剥蚀,朝代、纪年、地域、邦国都已经失落无考了,《石头记》云,当日有两位神仙,时而凭风遨游,时而高谈快论,来往于仙山缥缈之间,说着些真假有无之事。一日,他们偶从大荒山无稽崖青埂峰下经过,将女娲补天弃而未用的一块顽石,携入红尘,历尽了人间的离合悲欢、炎凉世态……

小说第一回中描写的第二个美丽的传说是"绛珠还泪"。书中写道:"只因西方灵河岸上三生石畔,有绛珠草一株,时有赤瑕宫神瑛侍者,日以甘露灌溉,这绛珠草始得久延岁月。后来既受天地精华,复得雨露滋养,遂得脱却草胎木质,得换人形,仅修成个女体,终日游于离恨天外,饥则食蜜青果为膳,渴则饮灌愁海水为汤。只因尚未酬报灌溉之德,故其五内便郁结着一段缠绵不尽之意。恰近日这神瑛侍者凡心偶炽,乘此昌明太平朝世,意欲下凡造历幻缘,已在警幻仙子案前挂了号……那绛珠仙子道:'他是甘露之惠,我并无此水可还。他既下世为人,我也去下世为人,但把我一生所有的眼泪还他,也偿还得过他了。'"这就是著名的"木石前盟",造就了贾宝玉和林黛玉的生死爱情。

曹雪芹从西方灵河岸的神界写到显赫的贾府，贾宝玉和林黛玉的"木石前盟"就是具有神话色彩的"绛珠还泪"。这来源于上古舜帝死后，娥皇妃、女英妃伤心而泪化斑竹的传说。曹雪芹设计的林黛玉在大观园中的居所四周植竹，被命名为"潇湘馆"，林黛玉以潇湘妃子为号。中国民俗中神话传说也是很重要的内容，这也成了曹雪芹创作的源泉之一。

小说第二回"贾夫人仙逝扬州城　冷子兴演说荣国府"中，冷子兴在向贾雨村介绍荣、宁二府这两个钟鸣鼎食之家的家庭成员时，讲到了贾宝玉"抓周"。贾宝玉年满一周岁之际，他的父亲贾政要试一试儿子将来的志向，于是便将事先准备好的笔墨纸砚、珍宝玩具、服饰胭脂、瓜果点心等一一摆开，看孩子抓取何种物件，预测其一生的性情和志趣。谁知贾宝玉其他东西一概不抓，伸手只把一些脂粉钗环抓来玩。在一旁的贾政气得不得了，于是便说宝玉是孽障，将来必是酒色之徒，因此也就不甚爱惜。"抓周"的风俗在《颜氏家训·风操》中有记载："江南风俗，儿生一期，为制新衣，盥浴装饰，男则用弓矢纸笔，女则用刀尺针缕，并加饮食之物及珍宝服玩，置之儿前，观其发意所取，以验贪廉智愚，名之为试儿。"一期，即一周岁。按中国民间的说法，男孩如抓弓矢，则长大后习武为将；如抓纸笔，则长大后习文为儒。女孩如抓刀尺针缕，长大后会女红娴熟，成为贤妻良母。所以，作者所描写的"抓周"就是古代的民俗，此民俗始于魏晋南北朝时期。唐宋时期，"抓周"这一风俗已很流行，民间非常重视，仪式也很隆重。《红楼梦》中一周岁的贾宝玉在众目睽睽之下，只拿脂粉钗环，不取笔墨纸砚，招得贾政很不高兴，是完全可以理解的。可是问题在于，一个一周岁的孩子，又怎么知道应该抓什么，不应该抓什么。他又怎么知道自己一周岁时抓的东西，会与他未来的一生有关系呢？显然这种"抓周"游戏是大人们想出来的占卜活动。从客观上讲，"抓周"并没有考验儿童，而是影响了大人的心情。贾政是个忠君尽职、勤勉努力的官员，心中只有

"皇恩浩荡"，却从不关心子女的需求和利益。

每次读到这一段都会心有感慨。因为贾宝玉抓了一些女孩子的脂粉钗环，其父就觉得他是一个纨绔子弟。于是，贾政就在贾宝玉身上施加了过重的压力，让他一定要读"四书五经"，纠正他亲近女孩子的毛病。这反而逼贾宝玉与姐妹们混在一起。这也是叛逆的贾宝玉的一种反抗，而这种反抗使他与父亲的关系变成对立关系，以后二人难以再顺利沟通。

而今也有很多家长会让孩子"抓周"。一周岁的小孩如果"抓周"抓到字典或词典等，那就表示他将来可能成为文学家或科学家；如果抓到书和笔等，表示他将来可能成为书法家、作家；如果抓到尺、秤等，表示他将来可能成为律师、法官；如果抓到计算器、算盘等，表示他将来可能成为商人，会做生意；如果抓到纸币、硬币等，表示他将来可能成为善于储蓄的富翁；如果抓到银行卡、信用卡等，表示他将来可能进入金融行业，成为银行家；如果抓到画、水彩盒、彩色笔等，表示他将来可能成为艺术家；如果抓到布料、绸缎等，表示他将来可能成为服装设计师；如果抓到乒乓球拍、羽毛球拍等，表示他将来可能从事与体育运动相关的职业；如果抓到笛子、口琴等，表示他将来可能从事音乐工作；如果抓到勺子、筷子等，表示他将来可能成为厨师；如果抓到润肤霜、口红等，表示他将来爱美，在乎自己的容貌，可能成为演员；如果抓到手机、鼠标等，表示他将来可能从事信息技术行业；如果抓到棉签、纱布等，表示他将来可能会成为医生、护士；如果抓到玩具汽车，表示他将来可能成为司机；等等。各种摆出来的东西都会有寓意，在孩子满一周岁时作为一项生辰庆典的助兴活动是可以进行的，但父母千万不可当真。

二、理解《红楼梦》的民俗文化内涵

《红楼梦》中关于民俗事象的描写是非常丰富的，从饮食、服饰到民间娱乐，从婚俗、丧仪到岁时风俗，都与生活中的衣食住行息息相关。下面我们从衣食住行、节令庆典和文化娱乐的角度分别来看《红楼梦》中关于民俗描写的文化内涵。

1. 衣食住行

我们先来看看王熙凤出场的服饰。《红楼梦》第三回"贾雨村夤缘复旧职　林黛玉抛父进京都"写林黛玉刚进贾府，正和贾母等人谈论着自己体弱多病和吃药的事情，书中写道"一语未了，只听后院中有人笑声，说：'我来迟了，不曾迎接远客！'黛玉纳罕道：'这些人个个皆敛声屏气，恭肃严整如此，这来者系谁，这样放诞无礼？'"来者是谁，作者没有马上交代。真所谓"未写其形，先使闻声"，作者在没有正面描写王熙凤之前，就先通过人物的笑语声，传达出了人物内在之神。在贾府这样严肃的氛围里，王熙凤可以这样说话，如此发出笑声，能够体现出王熙凤的地位之高，且深得贾母的喜爱，也能够体现出一种炫耀的意味。

随着后院这一声，一位化着浓妆的少妇出场了。作者用重笔浓彩描绘了其外形特征，"这个人打扮与众姑娘不同：彩绣辉煌，恍若神妃仙子。头上戴着金丝八宝攒珠髻，绾着朝阳五凤挂珠钗；项上带着赤金盘螭璎珞圈；裙边系着豆绿宫绦双衡比目玫瑰珮（佩）；身上穿着缕金百蝶穿花大红洋缎窄裉袄，外罩五彩刻丝石青银鼠褂；下着翡翠撒花洋绉裙。一双丹凤三角眼，两弯柳叶吊梢眉，身量苗条，体格风骚。粉面含春威不露，丹唇未启笑先闻"。先看到王熙凤的头上，戴着用黄金丝串着的各种玛瑙、琥珀等物的珠髻，让人感觉到光鲜华贵。"朝阳五凤挂珠钗"是王熙凤的专用首饰，这个凤钗上有五只凤凰，每只凤凰的嘴巴里各衔着一串垂下来的珠子，走起路来就会摇晃。而凤与朝阳关联，意义更加非凡，当时凤鸣朝阳常被看作稀世之瑞。

再看王熙凤的颈部，"项上戴着赤金盘螭璎珞圈"。璎珞是一种装饰品，主要是用珍珠、宝石和贵金属串联而成的。璎珞分为项圈式和披挂式两种。项圈式璎珞以项圈为主体，坠饰较为简单。这里需要区分的是，我们通常佩戴的项链是比较细的链子，而项圈通常是一个环形的、多用金银制成的装饰品，上面镶嵌珠宝。"赤金盘螭璎珞圈"，就是在发红的黄金上面打出一些细小的龙纹，再在龙纹上镶嵌珠宝的项圈式璎珞。

我们再看王熙凤的衣着，"裙边系着豆绿宫绦双衡比目玫瑰珮（佩）；身上穿着缕金百蝶穿花大红洋缎窄裉袄，外罩五彩刻丝石青银鼠褂；下着翡翠撒花洋绉裙"。王熙凤腰上系着一个豆绿色的宫绦。一般而言，宫绦是指皇宫里面特制的或民间仿照宫里样式所制的丝带。这里的宫绦是跟玫瑰石的玉佩系在一起的，玉佩上面是双鱼形制的配件。再看王熙凤穿的衣服，则更是颇费工艺。王熙凤身上的一件短袄，是用金线绣成的，上面有一百只蝴蝶，蝴蝶在百花丛中翩翩起舞，叫百蝶穿花。这短袄的底色是大红色的，料子是西洋的绸缎。窄裉袄就是上衣在腋下接缝部分的夹袄。石青，是接近黑色的深蓝色，一种宝石的颜色；刻丝，又称"缂丝"，是一种用彩色丝线织成图案的丝织品，技艺繁杂，价格昂贵。王熙凤短袄的外面又加了一件褂子，里面衬了貂皮。下面看她的裙子，就是那件如在玉石一样的绿色上面撒花的洋绉裙。

王熙凤一出场，头上、身上所有的配饰颜色繁多，主色调是红色、蓝色、绿色，这几种颜色给人一种很浓烈的感觉，再加上她那套宛如神妃仙子的服装，凸显了她在贾府中的地位及其张扬的个性，反映了当时贾府的富裕。从王熙凤的璎珞圈和头饰可以看出，她喜欢奢侈华丽的配饰。她管理贾府，颐指气使，处于百鸟朝凤的权力顶端，同时又得到贾母的偏爱，其在贾府中的地位可见一斑。

2. 节令庆典

我们来看看写"秦可卿的丧礼"的内容。《红楼梦》第十三回"秦可卿死封龙禁尉　王熙凤协理宁国府"、第十四回"林如海捐馆扬州城　贾宝玉路谒北静王"中写秦可卿之死，宁国府请王熙凤来操办丧礼，贾珍四处购买好棺木，最后选中了原系义忠亲王订购的一副罕见的珍贵木板，他不顾贾政"此物恐非常人可享"的劝告，硬是拿着一千两银子买下了名贵的樯木。贾珍为了面子，又花了一千二百两银子，为儿子贾蓉捐了一个五品龙禁尉的虚衔。秦可卿立马变成了"诰授贾门秦氏宜人"，祭奠葬礼的规格大升。秦可卿的丧礼融合了中国丧礼民俗的元素，从描写敲云板报丧，到停灵守孝，再到吊唁、择寿木，为贾蓉捐龙禁尉，并安排诵经、出殡、沿路吊奠等，这是中国古典小说中描写丧葬礼节的典范。作者在小说中完整地呈现了中国丧礼民俗的程序，体现了中国民俗文化的特征。

"秦可卿之死"虽描写了丧礼的全过程，但更重要的是借丧礼写人叙事。秦可卿作为贾府的长孙媳妇，她的死成为展现贾府政治地位、人伦关系及贾府诸人个性才情的重要情节。秦可卿去世之时，贾府还是比较繁盛的，昂贵的寿材、王爷的路祭、奢华的出殡仪式等淋漓尽致地展现了贾府"鲜花着锦、烈火烹油"的贵族气象。

《红楼梦》第九十七回"林黛玉焚稿断痴情　薛宝钗出闺成大礼"写贾府为贾宝玉和薛宝钗办婚事。因贾宝玉痴傻，借成亲来"冲喜"，这是古代在民间流传的习俗。贾府的人骗贾宝玉说他娶的是林黛玉，而林黛玉病重，把以前贾宝玉送的手绢和诗稿都烧掉了。贾宝玉娶亲的时候，林黛玉忧郁而终，病死在潇湘馆。贾宝玉和林黛玉的爱情彻底化为悲剧。但是书中也描写了婚俗的内容。贾府在这场成亲的闹剧中按照传统婚俗的礼仪进行。王夫人先让王熙凤找薛姨妈"议婚"，然后下聘礼，女方家发"泥金帖子"。"泥金帖子"是用金末、金屑和胶水制成的一种笺帖，表示赞同之意。"泥金帖子"上面写女方订婚者的姓名、籍贯、生辰八字及祖宗三代史略等。迎亲、拜堂、宴客、入洞房、回门等婚嫁礼仪，都有着一套烦琐的程序。新娘蒙上盖头在正堂与新郎拜天地、祖宗、父母，然后被送入洞房。在新房中"坐床撒帐"，新婚夫妇并坐在床沿上，由女宾以金钱、彩果掷之于地。最后新婚夫妇共饮交杯酒。宋代孟元老的《东京梦华录·娶妇》中记载："然后用两盏以彩结连之，互饮一盏，谓之'交杯酒'。饮讫掷盏，并花冠子于床下，盏一仰一合，俗云'大吉'，则众喜贺。"

3. 文化娱乐

《红楼梦》中描写了贾府的各种宴会，元妃省亲时的宴会活动、中秋节的制灯谜活动、除夕的祭宗祠活动等，无不融入了民俗的礼仪和气氛。书中不仅写了逢年过节、生日寿辰的戏文演唱，写了各种游戏活动，还写了大量的诗谜、酒令，其中民俗事象意趣横生，妙不可言。如斗叶、猜灯谜、说笑话、投骰子、解九连环、击鼓传花、赏雪寻梅，还有元宵赏灯、除夕祭宗祠、端午贴符、中秋赏菊吃蟹等，无不突出了民俗文化的魅力。此外，书中还写了具有游戏性质的放风筝、拣佛豆儿、结寿缘等趣事，这些民俗活动在中华大地上传播了数千年之久。

我们来看大观园结社作诗吟诵，其中有着浓郁的民俗氛围。《红楼梦》第三十七回"秋爽斋偶结海棠社　蘅芜苑夜拟菊花题"、第三十八回"林潇湘魁夺菊花诗　薛蘅芜讽和螃蟹咏"以两回的篇幅写了诗社的活动：先起别号，次咏海棠，再咏菊花和螃蟹，大观园内一片雅趣诗兴，很是热闹了一阵子。大观园的女儿们都是诗人，吟诗作赋是她们生活中最有意义的一部分。她们的吟诗打趣给大观园带来了无限的生机和活力，并成为贾府盛时光景重要的点缀和标志。

海棠结社的发起人是探春，但参与作诗的人则是贾府中的才女们，还有贾宝玉，每个人都文思斐然。虽然写的都是白海棠，但每首诗都具有极强的个性色彩，非常符合人物的身份和个性特征。譬如，探春的高贵多情、宝钗的稳重含蓄、黛玉的灵秀叛逆、湘云的随缘自适，在各自诗中得以呈现，一同为大观园增姿添彩，营造了一个理想的境界。

《红楼梦》以荣、宁二府和大观园作为典型环境，这是小说中数百个人物活动的舞台。在"林黛玉进贾府"的描写中就写道，贾府门口"蹲着两个大石狮子，三间兽头大门"，这都是传统的布置。荣、宁二府的厅堂居室的陈设、庭院内的曲廊甬道、后来建造的大观园置景，这些各具特色的、具有民族气息的环境，都给人一种很深刻的民族记忆。特别是书中前四十回，描写贾府各种节庆、宴会、游戏等活动都充斥着浓郁的民俗风情。

《红楼梦》从"女娲补天"的神话到"绛珠还泪"的传说，从"冷子兴演说荣国府"到"林黛玉进贾府"，从"葫芦僧乱判葫芦案"到"王熙凤协理宁国府"，从"刘姥姥进荣国府"到"贾元春省亲大观园"……每一回的精彩描写都可以从中找到中国古代流传下来的民俗风情。因此，在《红楼梦》每一个动人的故事中，曹雪芹都把民俗风情作为一种背景、一种烘托，融入了小说的艺术构思之中。一部《红楼梦》的民俗描写几乎囊括了中国古代人们生活的方方面面。

第二节　溯源中国民俗文化

中国民俗文化历史悠久、博大精深，特别是农耕习俗中至今还保留着很多古老的传统。今天我们耕种稼穑、捕鱼打猎，都有着深厚的历史渊源，也有着生动的美丽传说，我们传承这种农耕文明就是继承和发扬我国传统的文化。

中国是一个古老而多元化的国家，各地的风俗习惯各不相同。其风俗的形成有着深厚的历史渊源。中华民族的根扎在黄土地上，几千年流传下来的悠久民俗，与祖先们日常的生活起居息息相关。

一、中国民俗文化的特征

中国民俗文化，又称"中华民族的传统文化"，它历史悠久、博大精深，主要具有以下四大特征。

（一）独立完整，延续不断

从三皇五帝开始，中华民族就没有离开过供其休养生息的土地。不论是外族部落的侵扰还是本民族内部的纷争，中华民族始终都在坚守自己的生活方式和人文道德，始终没有脱离自己的文化土壤。

中华民族历来关注自身生活质量的改善，关注自身在新的一年里的财运、福运、禄运。身为中华民族中的一员，生活在这片土地上，什么样的生活才是幸福的呢？在中华民族的传统观念中，风调雨顺、五谷丰登就是最大的幸福。

中华民族脱胎于农耕社会，风调雨顺、五谷丰登是千百年来百姓的美好愿望。风调雨顺意味着五谷丰登，五谷丰登意味着丰衣足食，丰衣足食意味着社会安定。

（二）统一多样，开放包容

《礼记·中庸》中写道："万物并育而不相害，道并行而不相悖。"其主张以开放包容的姿态来看待不同民族的文化。《国语·郑语》中提倡："夫和实生物，同则不继。"也就是说，不同事物之间的碰撞、平衡才是"和"。只有"和"才能推动历史的发展，如果将相同的事物放在一起，很难有发展变化。因此，"和而不同"一直是中国古人追求的理念。孔子也主张"和为贵""君子和而不同，小人同而不和"。佛教是较早传入中国的外来文化，在与本土的儒家文化和道家文化接触的过程中，逐渐形成儒佛相融、佛道相通、三教合一的局面。古代中国以"兼容并包"的原则，使各个民族逐渐融合为统一的中华民族。

（三）朴实神秘，农耕自给

中国历史可划分为五种社会历史形态，即原始社会、奴隶社会、封建社会、半殖民地半封建社会、社会主义社会。华夏文明兴起的时候，黄河流域原始农耕民族有着祖先崇拜和血缘崇拜的传统。而农耕文化集合了儒家文化及各类宗教文化，形成了自己独特的文化内容和特征，主体包括国家的管理理念、人际的交往理念，以及语言、戏剧、民歌、风俗和各类祭祀活动等，这些民俗是世界上存在最为广泛的文化类型。早期的中国农耕社会是男耕女织，规模小，分工简单。聚族而居、精耕细作的农业文明孕育了内敛式的自给自足的生活方式和文化传统，但农耕民族受封建思想束缚，闭关自守。因此，中国古代并没有形成典型的农牧结合的经济结构。在农业文明发展的后期，这种封建思想越来越限制了中国社会的发展，致使其逐渐落后于西方。

（四）人文伦理，宗教色彩

世界上各个国家、各个民族都有自己的宗教传统，如欧美的基督教，中亚、西亚和北非的伊斯兰教，亚洲各地的佛教。宗教组织是伦理道德的主要宣传者，中国的儒家体现着一种入世的精神，而道家体现着一种出世的精神。

儒家入世，即主张施行仁义等伦理原则，仁指内心的仁厚，义指责任。儒家倡导进取的人生、奋斗的人生，倡导拼搏的生活、竞争的生活。

而道家出世，即追求脱离凡间的困扰和诱惑，寻找寂静清幽的场所，要静心修行，从而达到高超的境界。

因此，儒家讲"先天下之忧而忧，后天下之乐而乐"，道家讲"采菊东篱下，悠然见南山"；儒家说"天下兴亡匹夫有责"，道家说"政治渺小，艺术永恒"；儒家讲究礼仪、尊崇孔孟之道，道家讲求修身养性、崇尚老庄之学。

这两个看上去矛盾的理论，其实是对立统一的。人们应当有积极的、进取的态度，可是，也要保持一颗平常心。这样，人生才能过得快乐、洒脱。对待事业如此，对待感情也应如此。以出世之心，为入世之事。

传入中国的佛教要求人要修行，要和凡尘间的一切切断，修行者要心无旁骛、六根清净，不能有任何的凡尘杂念。儒释道逐渐形成"三教合一"的思想，突出静思感悟。儒家、佛家、道家都主张通过内心的体验、感悟来认识宇宙人生，摆脱各种欲望、烦恼的困扰，保持心境的平和、宁静，以求达到对天道、天理的心领神会。

中华民族泱泱五千年的文明所形成的民俗文化是人类的宝贵财富，正如纪录片《中华历史五千年》片尾曲的歌词所写的："盘古开天地，中华立根基呀。三皇五帝夏商周呀，春秋战国百家聚。秦王扫六合，大汉雄风起呀，三国鼎立，两晋南北朝呀，隋唐又统一。唐威通天下，宋韵建海隅呀，辽金元明清兴衰交替呀，辛亥风云急。血肉筑长城，古国迎晨曦呀，东方醒狮，昂首腾飞呀，自强永不息。"这部纪录片是一部大型的、系列的、且完整展示伟大的中华民族五千年历史、文化的电视教学片,值得大家观看学习。

二、中国农耕习俗的渊源

远古的时候,人们群猎群聚。如今在内蒙古自治区、新疆维吾尔自治区等地,还有一些从狩猎时代遗留下的风俗,如叼羊、套马等狩猎比赛。狩猎是人类最早掌握的谋生技能之一。新疆维吾尔自治区古代属于西域,这是一片广袤而又神秘的土地,古代的西域境内山势巍峨,雪冠晶莹,森林茂密,草原辽阔,这里生活着马、牛、羊、骆驼等畜群。在频繁的狩猎活动中,古人不断认识各种动物的习性。从分布于新疆维吾尔自治区各地的岩画中,我们可以清晰地看到中国古代发达的狩猎业和丰富的狩猎文化。

在山区黑褐色的石头上,我们可以看到古人留下的各种不同风格和内容的古岩刻画,其中有很多狩猎岩画。我们今天看到的西域狩猎岩画(图1-5)规模有大有小,大的是一群人狩猎的场面,小的是一个人狩猎的画面。其中狩猎物大多是人们可以捕捉的中小型动物,如羊、牛、猪等。古人通过狩猎实践,得以逐步驯化一些性情温和的动物,将其养成家畜,并发展为畜牧经济。古人在狩猎、游牧之余,把他们的生产生活、宗教信仰、文化娱乐等情况凿刻在各种石头上,展示了他们的艺术天赋及各种朴素却深刻的哲理思想。在各个山区和无垠的草原上,各民族先民都曾经以狩猎为主要生产生活方式。在西域狩猎岩画中,除了表现猎人和牧民的劳作外,还有表现其内心世界的丰富多彩和欢乐的舞蹈场面。在辽《屠狗狩猎》诗中也可以看出古代留下的这一风俗。诗中写道:"选屠白狗埋帐沟,牵鹰出猎起鸣驺。忽见御帽簪红叶,方知今日是立秋。"狩猎是中国古代先祖的生活方式。

图 1-5 西域狩猎岩画

中国南方一直延续着从古代遗留下来的捕鱼活动。在广西壮族自治区风景如画的桂林漓江有一种风俗叫"漓江渔火",这是一种古老的民间活动。蜿蜒清澈的漓江像一条青青的彩带缓缓地漂浮在山间,形成了漓江画廊,构成了闻名世界的漓江风光。白天漓江两岸的秀水青山、美石奇洞一览无余;晚上漓江上点点渔家灯火,漓江百姓会忙碌地进行夜捕。漓江水流平缓,水质清澈,这里是各种鱼类生活繁衍的理想之地,漓江鱼是人们百吃不厌的美味佳肴。生活在漓江两岸的居民,常常是一边从事农业生产,一边以捕鱼为生。据《阳朔县志》记载,这里很早就有渔民以捕鱼为生,并形成了独特的捕鱼习俗。这里的渔民或用网或养鸟捕鱼,且以养鸟捕鱼更为常见,构成漓江百姓独特的捕鱼劳动方式。在竹筏上、渔船中,渔民饲养了很多鱼鹰(又称"鸬鹚"),这种食鱼的鸟可以帮助他们潜水捕鱼。下水捕鱼前,渔民不会让鱼鹰吃饱,而是用绳子拴住它们的食道,以免它们把捕到的鱼吞入肚里。训练有素的鱼鹰捕到鱼后,便自动上船将鱼交给主人,以换取一条小鱼为食,大鱼便是渔民的收获。晚上,渔民利用鱼类的趋光性,在竹筏或渔船上点起灯火,吸引鱼群,让鱼鹰捕鱼，这一奇特的原始捕鱼风俗流传至今。因此，"漓江渔火"也成为一项现代人体会当地传统习俗的旅游项目。

三、五谷的传说和习俗

今天中国人主要吃五谷杂粮，"五谷"这一名词的最早记录见于《论语》。据《论语·微子》记载，"子路从而后，遇丈人，以杖荷蓧。子路问曰：'子见夫子乎？'丈人曰：'四体不勤，五谷不分，孰为夫子？'植其杖而芸"。子路跟随孔子出行，落在后面，遇到一位老人，老人用手杖挑着农具。子路问："您看见我的老师了吗？"老人说："四肢不劳动，五谷分不清，谁是你的老师呢？"说完，老人把手杖插在地上开始锄草。

上述这段话说明那时的人们已经以五谷为食粮。猎物为躲避人类的追捕，开始远奔原始森林。猎物的减少，使得古人越来越食不果腹，穴居的人们被饥饿所折磨，为抢夺食物，部落之间大动干戈，战争和饥饿威胁着人类的生存。四千多年前的远古时代，传说舜继位于尧后（尧禅让），任命弃为"后稷"，主管农业，选草为谷。后人多称后稷为"稷神"，因为后稷是百谷之长，被帝王奉祀为谷神，造福人类，功德无量。

关于五谷的来历，也有神农尝五谷的传说：后稷领受了舜的旨意，下决心要找到一种主食种子。他见到了女娲，说明了自己的心思和打算。女娲见后稷信心十足，就将自己束发的红头绳解下，递给后稷做鞭子去开路选种，并把五个儿子稻、黍、麦、菽、麻交给后稷做随从，以助神威。临行前，女娲拿出五色袋，把白袋子交给稻，把黄袋子交给黍，把红袋子交给麦，把绿袋子交给菽，把黑袋子交给麻。后稷举着鞭子在前面开路，披荆斩棘，兄弟五人背着袋子在后面跟着，后稷走到哪里都要将草籽放入嘴里咀嚼，特别是对那些长得饱满的草籽，嚼得更碎，品得更仔细。他觉得口感好的草籽就让稻、黍、麦、菽、麻去采集，按颜色分别放入五色袋里。他们周游四域，选择好吃的草籽，慢慢地，五色袋装满了。

一天，他们看到悬崖峭壁上长着一种高秆红穗，想采摘又上不去，于是六个人攀爬陡石，搭人梯而上，费尽体力，才终于爬上山顶。六个人站在山顶眺望，天地无边，群山起伏，连绵不断；俯视山下，只见有五条山谷，山泉涌流，土肥草绿，真是个山清水秀的好地方。后稷望望山谷，又望了望装满各种草籽的五色袋，对兄弟五人说："要想永远不挨饿，采多少草籽也不够吃。你们跟我走了这些日子，也尝了什么草籽可以吃。只有耕种选种，我们才会不跑冤枉路。这里的五条山谷土肥水足，你们选一条下去，把自己袋中的草籽种下，选种育种，然后传播耕种，我们就不会挨饿。"后稷还未说完，兄弟五人随即干了起来。后来舜巡狩，来到这里视察，后稷和兄弟五人加紧耕作，摸准了五谷的习性，然后分头教人耕作。后稷见育种成功，非常高兴。唯有稻种的草籽，在旱地青黄不接，他知道那草籽在南方采集时还感觉可食，就撇下众人，去找适合种植的地域。因为南方水多，气候适合稻的生长。后稷最后尝草而亡，为了不忘他尝百草、分五谷、创农工的功绩，后人称他为"神农氏"，而他试种稻的地方就叫"神农架"。

为了纪念他们，古人把稷种的庄稼叫"稷"，把稻种的庄稼叫"稻"，把黍种的庄稼叫"黍"，把麦种的庄稼叫"麦"，把菽种的庄稼叫"菽"，把麻种的庄稼叫"麻"。由于他们是在五条山谷里种成的庄稼，人们就把粮食总称为"五谷"。在北方，五谷是麻、黍、麦、菽，有麻无稻。而在南方，五谷则是稻、黍、稷、麦、菽，有稻无麻。

中国人有句俗语，民以食为天。中国的文字中由稻米组成的词语还有很多，如"精"和"粹"等。中国古代的炎帝就是"神农氏"，与轩辕氏黄帝同被尊为中华民族的人文始祖。后来古代皇帝每年都要祭"社稷"。社的本意是"土神"，稷的本意是"谷神"。

中国的农耕习俗中至今还保留着很多古老的传统。北京先农坛还保存着一块完整的稻田，杭州玉皇山下也保存着一块南宋时期的"八卦田"，这些都是古代皇帝用于祭祀的场所。

几千年来，这种风俗和信仰已深深烙印在中华民族的文化习俗中。长江流域的居民在现在的生活中还保留着古代流传下来的习俗，他们大多以稻米为主食，用稻米为原料，发明了粽子、元宵、米粉、年糕、青团子等大量的食物品种，并赋予了其不同的内涵。

第三节　纵览中国民俗信仰

地域广阔、人口众多的中国是一个拥有56个民族的大家庭。在不同的地区生活着不同的民族，每个民族都有自己独具特色的民风民俗。傣族的泼水节（图1-6）、壮族的"三月三"歌节等，展示了各民族文化的独特魅力。

图1-6　傣族的泼水节

一、各民族不同的风俗

不同的节日风俗、不同的实物都体现出不同的地域特色，展现了中华民族文化的独特魅力。这正应了那句话，"百里不同风，千里不同俗"。

在云南傣族风俗中，他们欢庆新年的方式是每年春天要举行一个盛大的节日——泼水节。傣族人纷纷把河水带到寺庙，感恩养育了傣族的河流和肥沃的土地，热闹的泼水节是傣族人的喜庆之日。他们聚集在一起，拿着水桶、水盆，互相泼水，到处是湿淋淋的，到处洋溢着欢乐的气氛。傣族人在泼水节里把水泼向别人是表示祝福的意思。

一方水土养育一方人。西藏的宗教是藏传佛教（又称"喇嘛教"），佛教于7世纪正式传入西藏，之后迅速传播。如果我们去西藏旅游，热情的藏民会给来自远方的尊贵客人献上珍贵的礼品——美丽的哈达，表示敬意，这种习俗由来已久。哈达是一种工艺水平很高的编织品，有白麻织的，也有茧丝织的。哈达的颜色多为白色、蓝色，也有黄色、绿色、红色。献哈达在西藏十分普遍，甚至人们互相通信时，也会在信封内附上一条小哈达，以示祝福和问候。

中国西南部是少数民族聚集的地方，大部分少数民族都是能歌善舞的，广西壮族的"三月三"歌节，就是一个展现少数民族歌声的节日。每年农历三月初三，壮族青年聚集在一起庆祝他们的传统节日，尤其在南宁等地组织的赛歌会上，前来参加赛歌的壮族青年身穿民族服装，用歌声表达对爱情的向往。壮族青年嗓音嘹亮，热爱生活，表现了他们健康向上的情趣。

畲族是中国人口较少的少数民族之一，主要居住在福建、浙江广大山区等地。每当畲族人举行婚礼时，总要邀请亲朋好友欢聚一堂，吃喜酒。喜宴散后，便摆开歌台，开始长夜对歌。长夜对歌是由男、女歌手分别代表男、女双方，两人各坐一边，轮流交替唱歌。每到婚嫁之日，畲族人必定举行长夜对歌活动。

不同民族拥有不同民族的文化，且带有浓厚的地域色彩。彝族的服装十分精致，以大量银制品和刺绣进行装饰，尤其是彝族姑娘的衣裳别具特色。彝族姑娘大多喜欢穿一种镶边的衣服，这是一种右衽宽长的上衣，衣服的衣袖和胸襟都绣有金、红、紫、绿等色彩的花纹图案，衣领上镶细银泡。

此外，彝族姑娘常常戴一种奇特的帽子。这种帽子是用硬布剪成鸡冠的形状，再用一千二百多颗银泡镶绣而成，戴在头上就像一只大公鸡。所以，这种帽子就叫"鸡冠帽"（图1-7）。彝族姑娘相信戴鸡冠帽会带来美满的爱情，便将鸡冠帽一代一代传承下去，且越做越精巧、越绣越漂亮，这其中寄托着彝族姑娘对幸福的向往。

图 1-7　彝族的鸡冠帽

各民族的饮食也各具特色。例如，朝鲜族人尤喜海带，按照他们的习俗，妇女生完孩子，一定要煮一碗烂烂的海带汤，再配上朝鲜族的大酱。又如，傣族人喜爱食用糯米，而且还用糯米加工成食品。傣族人不仅会将糯米装入竹筒中烤制成竹筒饭，还会用芦叶将糯米、花生米包成粽子。

许多少数民族和汉族一样都有自己的新年。新年里，人们都沉浸在节日的气氛当中。各少数民族的历史文化、宗教信仰和生活习惯各不相同，所以形成了他们各具特色的、丰富多彩的过年习俗。

蒙古族历来崇尚白色，所以将过年称为"白节"。蒙古族过年要吃"手把肉"，以示阖家团圆。蒙古族人农历正月初一凌晨要先向长者敬辞岁酒，然后向同辈敬酒，且给长辈拜年一定要在上午。蒙古族亲朋好友之间也要互赠哈达，恭贺新年吉祥如意。

壮族的春节从农历腊月三十至正月初一、初二，共三天。除夕，壮族人要蒸很多米饭，象征着富裕。他们还会蒸扣肉、粉蒸肉、叉烧肉等。粽子也是一定要有的，最重的粽子重达一二十斤[①]。

土家族过春节一定要跳挥手舞（又称"摆手舞"），男女老少都要参加。土家族人还要耍龙灯、耍狮子，表演戏剧和武术等节目。

高山族人喜欢穿着艳丽的民族服装，成群结队地欢聚在村边寨头欢庆畅饮，并在乐器的伴奏下尽情歌舞。高山族人性格豪放，热情好客，喜欢在节日或喜庆的日子里举行宴会和歌舞集会。每逢节日，他们都要杀猪宰牛，置酒摆宴。

各民族先人遗留下来的民俗还有很多。现在交通便利，四通八达，旅游业发展迅猛，当地人在节日里会兴致勃勃地将民俗活动演绎出来，在迎接游客时也会进行表演。

二、中国人的民俗信仰

民俗信仰（又称"民间信仰""民间宗教"）是在长期的历史发展过程中，在民众中自发产生的一种崇拜观点、行为习惯和相应的仪式制度。它既具有民间习俗的性质，又具有原始宗教和一般宗教的某些特征。

（一）自然崇拜

自然崇拜是中国古代普遍的信仰形式。古代先民认为大自然的力量至高无上，并将其人格化和神圣化。如天体崇拜，即认为上天是至高无上的；天象崇拜，即崇拜很多常见的自然现象——雷、电、风、雨等；崇拜自然物，即崇拜土地、水、火、石头等；崇拜动物，即崇拜老虎、狮子、狼、牛等，以及臆想出来的神兽——龙、凤、麒麟等。

---

① 一斤为500克。

（二）图腾崇拜

图腾是印第安语的音译，意为"它的亲属""它的标记"。龙是中华民族共有的图腾。龙的形象是以蛇为主体，集聚其他各种动物的特点而形成的。这可能意味着以蛇为图腾的华夏氏族部落不断战胜和融合其他氏族部落，最后蛇图腾不断合并其他图腾逐渐演变为龙图腾。今天仍有龙飞凤舞之说，凤是古代中国出现的又一个东方图腾，以凤为图腾的氏族部落大多数被以龙为图腾的氏族部落所吞并，而成为其从属，但还保持着相对的独立性，于是凤的形象被保存和延续下来。

（三）祖先崇拜

祖先崇拜建立在信仰的基础之上。例如，炎帝、黄帝是中华民族的人文始祖。如果按社会发展的观点来解释，黄帝属于我国原始社会氏族公社时期的一位部落联盟的首领。传说，黄帝大战蚩尤获胜，被中原各氏族部落尊为共同的领袖。黄帝聪明能干，有许多创造和发明。后来，人们还把一切文明制度推源于他。因此，黄帝被奉为中华民族的人文始祖之一。

（四）宗教崇拜

古老的中国具有多宗教和谐共处的悠久历史。俗话说，"家家阿弥陀，户户观世音"。最受民间崇拜的是佛教的弥勒佛和观音菩萨。

弥勒佛是中国的大乘佛教八大菩萨之一，在大乘佛教经典中又常被称为"阿逸多菩萨摩诃萨"。在我国，弥勒信仰的流行也很早。西秦时期就已出现了绘制的弥勒佛像，如甘肃炳灵寺石窟中就有弥勒佛像。无论天南海北，在香火旺盛的寺院中，总能看到一尊袒胸露腹、喜笑颜开、手携布袋席地而坐的胖菩萨，他就是弥勒佛。

弥勒佛在笑什么？为什么笑？这给人们留下了丰富的想象空间。古往今来，许多文人墨客针对弥勒佛肚大过人、笑容满面这两个特点大做文章，写下了不少语言诙谐、饱含哲理的楹联，不仅点拨了人生，还给人们留下了有益的启迪。

北京潭柘寺的弥勒佛两边有一副寓意深远的楹联："大肚能容，容天下难容之事；开口便笑，笑世间可笑之人。"此联把弥勒佛的形象刻画得淋漓尽致、趣味盎然，妙的是作者巧借弥勒佛之像来针砭"天下难容之事"，嘲讽"世间可笑之人"，可谓用心良苦。

观音菩萨（又称"观世音菩萨""观自在菩萨"）是四大菩萨之一，其相貌端庄慈祥，经常手持净瓶和杨柳，具有无量的智慧和神通，大慈大悲，普救人间疾苦。观音菩萨是中国民间流传颇为广泛的菩萨之一，其形象遍布全国各地的寺庙之中，绘画、雕塑及许多工艺品中也有。观音菩萨集智慧、慈悲、救苦救难等于一身，广受人们的爱戴和尊重，其传说多次出现在中国的文学作品之中。

（五）其他崇拜

中国人对颜色也有崇拜。古代的帝王要穿着黄色的龙袍，人们遇到喜事要穿着红色的衣服。中国人还有对数字的崇拜，如"3"意为"财"，"6"意为"顺"，"8"意为"发"，等等。此外，中国人对文字也有崇拜，如民间的福、禄、寿、喜等字。这些都是流行于我们日常生活中的民俗。

中国是一个历史悠久的文明古国，具有独特的民俗风情。当我们置身在这个具有独特民俗风情的环境里，也会有独特的感受。我们欣赏长白山脚下柔美飘逸的朝鲜族舞蹈，日月潭之畔高山族的甩发舞蹈，雪域高原上沉稳柔韧的藏族舞蹈，茫茫草原上热情洋溢的蒙古族舞蹈，这些舞蹈都散发出各具特色的民族风情。而当你来到太湖东岸的苏州，则会看到粉墙黛瓦、小桥流水的民居和街巷。街巷里，有孩子的笑脸，有老人眼角的皱纹，有妇女低头择菜时的温柔，有男人昂首叫卖时的悠扬……到处透出一种吴侬软语的温婉，这些细节都是苏州特有的民俗生活。苏州人自古讲究生活的品质，他们喜欢流连在历代诗人笔下的湖光山色、田园山庄里，这里有闻名于世的苏州园林、粉墙黛瓦的枕河民居、精雕细刻的花窗屋脊，一花一木,方寸之间,就是恬淡、宁静和悠闲的苏式生活。老苏州人的日子有着独特的民俗特色,我们了解苏州的民俗,也是了解苏州的文化。本教材就是要让大中专学生了解中国特有的民俗风雅,进而了解苏州特有的自然和谐的苏式生活。

第二章

感受苏州民俗的别样风情

中国丰富多彩的传统文化有着深厚的历史渊源，其中有许多美丽的神话传说、独特的民间习俗流传至今。我们在节俗、婚俗和食俗中可以清晰地看到，从古至今中国人社会生活的精彩画面。在本章中，我们将从中国人特别是老苏州人过春节、办婚礼和品美食中感受其中浓郁的传统文化内涵。

民俗是文化的原生态，是生活真实的底片。中国的民俗反映了丰富多彩的社会生活，如春节的贴春联、挂年画、耍龙灯、舞狮子，清明节的扫墓、祭祀，端午节的吃粽子、赛龙舟，中秋节的赏月、祭月、观潮、吃月饼、赏菊赋诗、喝菊花酒，等等，民俗与自然生态和社会生活息息相关。中国地域辽阔，地处太湖流域的苏州自古以来就是鱼米之乡，很多习俗与农耕文明和岁时节令相关，形成了鲜明的地方特色。

苏州古老的民俗在清代顾禄撰写的《清嘉录》和《桐桥倚棹录》中有详细的记载，苏州自古至今均为"山泽多藏育，土风清且嘉"。四时好景、民风民俗在其中均有记录，如"打春吃春饼""谷雨看牡丹"等。我们主要撷取苏州的年俗、婚俗和食俗来分析苏州民俗的特点，特别是以流传至今的民间风俗作为传统文化的"活化石"，来研究苏式生活的文化特征。

第一节　阖家欢乐过春节

中国的春节可谓是"红红火火"，在本节中你将了解古代的年兽传说和传统新年的筹备过程。城市化的快速发展使中国人过年的方式发生了显著变化，一些传统年俗正在消失，让我们回味一下守岁、拜年、祭财神、闹元宵的热闹场面吧！

春节是中国的古老节日，也是一年中最隆重、最热闹的一个传统节日。在这个传统节日里，辛勤忙碌了一年的人们，一定要欢聚一堂，走亲访友，互致祝福。新春佳节，人们总要张灯结彩，贴上大红对联，点上大红蜡烛，来个"满堂红"，以表示喜庆、吉祥。这种习俗由来已久，中国的春节可谓是"红红火火"。

在汉朝，汉高祖曾自称"赤帝之子"。"赤"，泛指红色。从那时起，红色就成了人们崇尚的颜色。汉朝以后，各地崇尚红色的风俗习惯基本趋于一致，并一直沿袭了下来。于是，红色就成了中国人表示喜庆、吉祥的颜色。

春节是中国农历正月初一，俗称"过年"。春节一到，意味着春天将要到来，万象更新，草木复苏，人们按照农时要进行新一轮播种。从冰天雪地、草木凋零的漫漫寒冬走来，迎接春暖花开的日子，所以当春节来到的时候，人们充满着喜悦。过年是孩子最开心的时候，除夕先吃年夜饭，然后守岁。西晋周处《风土记》载："至除夕，达旦不眠，谓之守岁。"

为何叫过年呢？据说，有这样一个关于"年"的传说。古时候的"年"是一种凶猛的怪兽，人们非常害怕它，便把它出来的那一夜视为关口，称作"年关"。到了这一天晚上，家家户户躲在屋里吃年夜饭，年夜饭被置办得特别丰盛，全家老小也会欢聚一堂，共度新春。贴春联、放鞭炮等习俗也由此而来。当然人们还要在吃饭前先供祭祖先，祈求祖先保佑，平安地度过这一夜。一家人吃过饭后，谁都不敢睡觉，由此形成了除夕熬年守岁的习俗。当然"年"现在已经发展为一个喜庆的节日，人们再也不用担惊受怕了。

一、准备年事

（一）备年货

老苏州人在春节前十天左右，家家户户都会兴致盎然地采购鸡鸭鱼肉、南北炒货、糖果糕点等品种丰富的年货。老字号的商店人头攒动，大人、小孩要添置新衣新帽，准备过年时穿。苏州热闹的地方就数观前街了，这里的百年老字号店面鳞次栉比，如陆稿荐（1663年）、雷允上（1734年）、稻香村（1773年）、松鹤楼（1757年）、恒孚银楼（1806年）、黄天源（1821年）、三万昌（1855年）、乾泰祥（1870年）、采芝斋（1870年）、叶受和（1886年）、王四酒家（1887年）、元大昌（1896年）等。

每逢春节，苏州家家户户都要贴春联。春联最早起源于周代的桃符，民间在春节的时候，在桃木板上画驱避鬼怪的神像，这就是桃符。后来，到了五代时期，后蜀主孟昶亲自在桃符上题了"新年纳余庆，嘉节号长春"一联，一般人都把它看作最早的春联。到了宋朝，春节贴对联已经成为一种风俗了。宋代诗人王安石在《元日》一诗中就写过："爆竹声中一岁除，春风送暖入屠苏。千门万户曈曈日，总把新桃换旧符。"用红纸书写春联始于明朝。明朝时，朱元璋过春节都要亲自微服私访，视察贴春联的情况。此后，贴春联的习俗一直流传至今。

除了春联之外，每户人家的屋里还会张贴色彩鲜艳、寓意吉祥的年画。心灵手巧的姑娘们会剪出美丽的窗花贴在窗户上，门前挂大红灯笼或贴"福"字及财神、门神像等。

苏州与其他地方一样，春节有倒贴"福"字（图2-1）的习俗。据说，那年正值春节前夕，恭亲王府的大管家为了讨主人欢心，写了几个斗大的"福"字，让下人贴在恭亲王府的大门上。没想到，这人目不识丁，竟将大门上的"福"字贴倒了。第二天一早，恭亲王看到后十分气恼，欲对其进行惩罚。这位大管家灵机一动，跪倒在地，叩首道："奴才常听人说，恭亲王寿高福大造化大，如今大福真的到（倒）了，乃吉庆之兆。"恭亲王被他这么一说，心里觉得很舒服，遂赏管家五十两银子。后来，倒贴"福"字之俗由达官府第传入普通百姓人家。百姓倒贴"福"字后都希望过往大人或儿童念叨几句："福到了！福到了！"

图 2-1　倒贴"福"字

（二）迎春日

春节前夕，从农历腊月二十三到大年三十，民间称为"迎春日"，也叫"扫尘日"。千百年来，家家户户在迎春日都要进行一次大扫除。扫尘习俗起源于尧舜时期，到了唐宋时期，扫尘之风盛行。据宋人吴自牧《梦粱录·除夜》记载："十二月尽，俗云月穷岁尽之日，谓之除夜。士庶家不论大小家，俱洒扫门闾，去尘秽，净庭户……以祈新岁之安。"苏州民间流行"腊月二十四，掸尘扫房子"的谚语，家家户户都要掸檐尘。南宋诗人范成大在《祭灶词》中写道:"古传腊月二十四,灶君朝天欲言事。"苏州人送灶那天都要做团子来感谢灶王爷,感谢灶王爷一年来的庇护和上天言好事的功德,这谢灶团子都做得很大,而团子做得越大,表示田里的庄稼收获越丰盛。

(三)祭祖先

对于祖先的崇拜,在中国由来已久。《礼记·中庸》记载:"敬其所尊,爱其所亲,事死如事生,事亡如事存,孝之至也。"这里"事死如事生"的意思是,侍奉去世的父母,如同父母生时一样。这不仅是孝道的重要标志,也是尊老敬老的美德。春节是大节,上坟祭祖仪式也就格外郑重,大多数地区是在农历腊月二十九早晨祭祖。

(四)送年盘

除夕前,苏州有送年盘的习俗,据顾禄《清嘉录》记载,里巷门墙之间,百姓互以猪蹄、青鱼、果品等馈贻,称"馈岁盘",俗呼"送年盘"。那几日,仆妪成群,络绎道途,受盘之家,赏赉亦稍稍丰盈。清人潘际云《馈岁》诗曰:"门巷相连意气亲,送将微物亦情真。略如佳节询亲友,聊比盘餐洽比邻。"

随着时代的变迁,中国人的春节筹备方式发生了许多变化,采购年货的方式也不再单一,新年俗的繁荣兴盛,既带给人们新的过年方式和新的年节体验,又让人们对能否留住附着在传统年俗之上的文化记忆深感忧虑。传统年俗式微,新年俗不断涌现,成了当代春节的重要特征。

近二三十年来,城市化的快速发展使中国人过年的方式发生了显著变化,许多苏州传统年俗正在消失,如燃放烟花爆竹的习俗在城市受到限制,祭灶、贴门神、祭祖等传统习俗已不多见。同时,一些新年俗已经形成,如观看中央电视台的春节联欢晚会,用微信发红包,利用春节假期外出旅游,等等。下面我们来介绍一下苏州的年俗庆祝活动。

二、庆贺新春

过年的前一夜，是农历腊月三十夜，又叫"除夕夜""团圆夜"。除夕晚上，全家人欢聚畅饮，吃年夜饭，共享天伦之乐，熬夜守岁。守岁习俗始于南北朝时期，梁朝诗人也留下了不少守岁的诗文。"一夜连双岁，五更分二年。"人们期待着新的一年吉祥如意，这种风俗流传至今。

除夕晚上，苏州人要举行家宴，称为"吃年夜饭"，鸡鸭鱼肉，无不毕陈。还要有青菜、豆芽等蔬菜。青菜称为"安乐（暗绿）菜"，豆芽称为"如意菜"，都有吉祥之意。这一餐中，鱼上桌后，人们都不动筷，取"年年有余"之意，放置福橘一盆称"天赐洪福"，以讨个吉利的口彩。

（一）守岁

中国人守岁时除了进行传统的娱乐活动之外，还多了一项新民俗，即收看中央电视台的春节联欢晚会。1983 年 2 月 12 日，中央电视台播放了一次包括歌曲、戏剧、小品、舞蹈、杂技等多种节目形式的电视晚会，陪伴观众直到新年来临。由于第一届中央电视台春节联欢晚会反响极好，从 1984 年开始，中央电视台每年都要举办一场超过 4 小时的春节联欢晚会，直至今日。这种综合了多种文艺形式的节目深受中国人的喜爱，被亲切地称为"春晚"。中央电视台春节联欢晚会通过同步卫星向全世界播放，十几亿中国人亲如一家，共同守岁，迎接新年到来。

（二）拜年

过了大年夜，到了农历大年初一早上，人人都会打扮得整整齐齐，出门走亲访友，相互拜年，恭祝来年大吉大利。春节拜年主要是拜访长辈，向长辈问好，须带上礼物，向长辈行礼。当晚辈祝长辈长寿安康时，长辈通常会将事先准备好的用红纸包裹的压岁钱一一分给晚辈。"岁"与"祟"谐音，意味着压住邪祟，长辈给晚辈压岁钱就是祝愿晚辈在新的一年里平平安安。

拜年方式根据人们的年龄、辈分、社会地位的不同而有所变化。宋代开始用名片拜年，称作"飞帖"。各家门前贴一个红纸袋，上面写着"接福"，即承放飞帖之用。明代诗人文徵明《拜年》诗云："不求见面惟通谒，名纸朝来满敝庐。我亦随人投数纸，世情嫌简不嫌虚。"说的就是飞帖。

现在人们拜年通常是相互拱手、问好、说些祝福语。随着网络时代的发展，当代人用E-mail、微信、QQ等方式互道节日祝福已成为节日时尚。数十字的幽默短信，为身处激烈社会竞争中的人们，带来了宣泄情感、释放烦恼的新渠道。

农历大年初一，苏州有烧头香的习俗。烧头香的起源，众说纷纭，没有一个统一的答案。但烧头香这一活动源于佛教、道教和民间宗教之间的互动与融合。据史料记载，烧头香这一活动可以追溯到宋代，头香原指寺庙新年的"头炉香"。新春一到，人们就要在第一时间烧第一支香，可以算是烧头香了。

苏州每年烧头香的人非常多，除夕夜如果人们不提前排队的话是轮不上的，其中以苏州西园寺的香火最为旺盛。

（三）迎财神

到了农历大年初五，中国民间有迎财神的习俗，特别是南方认为财神是五路神，五路指东西南北中，意为出门五路，皆可得财。而农历大年初五就是路头菩萨诞辰，为讨吉利，人们先于农历大年初四接之，名曰"接路头"，又称"接财神"。农历大年初四午夜和初五早晨的鞭炮声比农历大年初一的还要响亮，这反映出人们希望接到财神，在新年里能够财运当头、生活美满。

（四）上元节

春节时，大街小巷都会洋溢着节日的气氛，一些民俗活动也热热闹闹地进行着，有舞狮子、耍杂耍、逛花市等，而其中元宵节是春节年俗中的又一个重要节日。元宵节（又称"上元节"），时间为农历正月十五，而在节日当天闹花灯的习俗始于我国汉代，时称"上元燃灯"。农历正月十五这天晚上的灯火,一直要点到第二天天明,为的是祭祀太一神。太一神是传说中尊贵的天帝,也是主宰一切的神仙。

历史上,农历正月十五闹花灯盛极一时的场面始于隋炀帝时期。到了北宋时期,灯会从三夜延长到五夜;南宋时期,又改为六夜,万盏彩灯垒成灯山。农历正月十五月满之日,正好合团团圆圆之意,为大吉大利。此日,苏州每家必吃"元宵",即汤圆,也是取团圆、吉利之义。但元宵之盛还在于"灯",所以又名"灯节"(图2-2)。当日,家家户户、各店各铺悬灯门前,寺庙、园林、广场等公共场所,更是大张灯彩。

图2-2 灯节

日落后,万灯齐放,连片连城,红光耀天。彩灯造型五花八门,有各色花灯,如植物灯、动物灯、人物灯、故事灯等。苏州比较常见的有兔子灯、元宝灯、走马灯,其中最精彩者为龙灯:龙身有首有尾,鳞片闪烁,共有九节,下承以长柄,由舞龙者操持。又由专人持大珠般的"滚灯",与龙身周旋、追逐,甚至打斗,它们共舞穿行于苏州的大街小巷中。

宋代孟元老在《东京梦华录》中记载："正月十五日元宵……奇术异能，歌舞百戏，鳞鳞相切，乐声嘈杂十余里……"历史上，元宵节灯会张灯时间最长的是明朝，朱元璋规定每年农历正月初八上灯，正月十七落灯，连续十夜。

灯节伴着烟火，还有杂耍弦乐，光影五色，通宵达旦。观灯也就成了中国特有的一种风俗。古人称夜为宵，农历正月十五是一年中第一个月圆之夜，也是大地回春之夜，人们就再次欢聚庆贺，象征着新春的延续。

如今，元宵节灯会上的各种灯具越来越精美，有飞禽走兽、蔬菜瓜果、山水人物、亭台楼阁等，多彩多姿。正如唐代诗人苏味道在《正月十五夜》中所写："火树银花合，星桥铁锁开。"

（五）猜灯谜

农历正月十五这一天各种民间文娱形式大显身手，各种杂技、木偶戏、变戏法、耍龙灯等娱乐活动也随处可见。闹元宵引得各种活动相互比拼，直到入夜达到高潮，形成了全民狂欢之夜。

彩灯之上还要贴各种谜语，这就形成了颇具元宵节特色的活动，即猜灯谜（图2-3）。

图2-3　猜灯谜

在中国，把谜语写在彩灯上叫人去猜，有一段有趣的传说。古时候有个财主，他虽然家财万贯，但从不施舍给穷人，他的品性是见高就拜，见低就踩，穷苦人家对他恨之入骨。但他有财有势，人们除了心怀怨恨之外，也无可奈何。一年中的农历正月十五元宵之夜，有一名受尽这个财主欺压的人提着一盏彩灯来到财主家门前。他的彩灯又大又亮，更为特别的是，灯上题了一首诗，引来很多人围观。财主十分好奇，也走出门外看热闹，可是他不识字，就叫账房先生念给他听。账房先生摇头摆脑地念道："头尖身细白如银，论秤没有半毫分。眼睛长到屁股上，光认衣裳不认人。"财主听后大怒，说提灯人有意讽刺，并叫来家丁要打他。可是，提灯人不慌不忙地说："这诗怎么会是讽刺你呢？它的谜底是'针'呀！"顿时，引得众人哄堂大笑，财主只得狼狈地溜进了屋。

此后，每有彩灯会，必出现灯谜。猜灯谜是一项兼具知识性、娱乐性、趣味性的活动。灯谜谜面，包罗万象，如何紧扣谜底又设置机巧，就得看制谜者的水平了。因此，灯谜可以说是看客和制谜者的智力比拼。猜灯谜既能启迪智慧，又颇有趣味，所以两千多年来一直在民间流传。元宵节之后，春节才算画上完美的句号。

不可否认，随着一些传统年俗活动的消失，人们记忆中的那种"年味儿"越来越淡。不过新鲜的过年方式也给新春佳节增添了不一样的趣味，各种"抢红包"大战如火如荼，"摇一摇""咻一咻""集五福"，成为新时代的"新年俗"。传统年俗活动，虽然在形式上发生了变化，但其文化内涵从未改变。从这个意义上来讲，改变的只是过年的仪式，"年文化"的核心并未改变。人们对"年"依然心生寄托，依然期待全家团聚。这种演变后的"年味儿"，更需要用心来品味。

第二节　热闹喜庆的苏式婚礼

中国人讲究人生大事的礼节程式，从古代流传至今的婚礼中我们就可以清晰地看到这一点。本节中，你将了解到红娘和月老的传说、提亲下聘礼的规矩、喜帖和婚宴的礼仪、大红双"喜"字的由来。一场繁杂而有序的婚娶仪式涵盖了苏式婚礼的各个方面。本节将为你展现苏式传统婚礼中独特而有趣的场面——迎亲、拜堂、举行婚礼和洞房布置。

中国的习俗是民族文化之根，是平凡生活的记忆，也是中国民俗文化发展的基础，苏式婚礼是江南地区典型婚俗的体现。

西方人的婚礼讲究浪漫的气氛，婚礼通常在教堂举行，新郎、伴郎先入场，然后新娘挽着父亲的手步入教堂，父亲把女儿交给新郎。牧师证婚，新人进行结婚宣誓，互相交换婚戒。在唱诗班的祝福歌中，新郎和新娘步出教堂，家属和朋友退场。婚礼结束，随后举行茶会或晚宴。

相比而言，中国人的婚礼要复杂得多，包含的内容也丰富得多。中国人认为，人生两大喜事莫过于"洞房花烛夜，金榜题名时"。婚礼是人们成年后的一次重要的大礼，俗称"终身大事"。从古至今，人们都特别重视婚礼。举行婚礼后，标志着一对男女从此进入一个新的人生阶段。中国古代的婚姻讲究礼仪，只有举行了正式婚礼的婚姻才会被家庭和社会所认可。

一、准备婚事

（一）红娘和月老的传说

中国古代婚姻主要由父母全权操办，未婚的男女不能随便见面，婚姻要由媒人介绍而成，也就是所谓的"父母之命，媒妁之言"。没有媒人做媒的婚姻是不合礼法的，且不被社会承认的。因此，媒人在婚姻中起着至关重要的作用，媒人在中国还有好几种称呼，如红娘、月下老人等。红娘是元代王实甫《西厢记》中的人物。《西厢记》写的是书生张生和相国小姐崔莺莺在普救寺里一见钟情，他们在红娘的帮助下，挣脱礼教的束缚坠入爱河。但是崔母发觉后，不同意他们的婚事。经红娘的据理力争，崔母恐家丑外扬，只好承认婚事，但要求张生立刻上京应考。于是，两人又被迫分离，直到张生中举归来，才和崔莺莺团聚。从此，红娘成了为男女双方牵线之人的代称。

"月下老人牵红绳"的典故出自唐朝李复言《续玄怪录·定婚店》。据该书记载，唐元和二年（807年），有个叫韦固的人，离家旅行住在宋城（今河南商丘）的一家旅店里。晚上，他见一位老人在月下翻检书信，身边的布袋里装着许多红绳。韦固问道："这些红绳有什么用处？"老人回答："这些是用来系夫妻脚的。即使是仇人之家，贵贱悬隔，远在天边，身处异地，只要系上了，就会结为夫妻，这是无论如何也逃不掉的。您的脚已经系上了，再找别的姑娘就不行了。"韦固问："我的妻子在什么地方？她家里是做什么的？"老人说："就是旅店北边卖菜的陈老婆婆的女儿。"老人又说："你跟我走，我可以告诉你她是谁。"第二天，有一位老婆婆抱着一个三岁的女孩在大街上走，老人对韦固说："这女孩就是你的妻子啊！"韦固听了大怒。随后，他派手下人去刺杀女孩。手下人回来说："我没刺中女孩的要害处，只是刺到了她的眉间，就被人冲散了。"后来，韦固多次向其他姑娘求婚，都没有结果。过了十四年，韦固才娶妻。其妻眉间有一刀痕，经追问，他才知道是妻子三岁时被人刺伤所致。韦固想起了往事，知道自己终究还是没有躲过月下老人所系的红绳，又愧又喜，就把实情告诉了妻子，但妻子并未怪罪于他。之后，夫妻俩相敬如宾。"月下老人牵红绳"的典故也因此流传了下来。

当代中国已实现了婚恋自由，可依然存在着媒人的角色。现在一些电视台面向青年男女推出了一系列相亲节目，让男女嘉宾一同做游戏、回答问题，这类节目不仅凭借其娱乐性赢得了许多观众的喜爱，还以其颇有针对性的服务促成了许多男女相识、相恋。

（二）提亲下聘礼的规矩

在中国传统观念中，做媒是一件非常重要的善举，也是一件成人之美的事情。古时，年方二八的女子在行了笄礼之后，便要待字闺中，等待一个有缘的陌生男子为她下聘，迎来一种全新的生活。俗话说，"一家有女百家求"，在同等身份的条件下，女方到男方家提亲是不合适的。受此影响，中国女性主动追求男性的情形比较少，她们更愿意暗示男性来追求自己，在当代恋爱中依旧有着传统观念的痕迹。

每一个娉婷女子都曾在头脑中勾勒过未来夫君的模样，他们或许风度翩翩，或许学富五车，或许温柔多情，也或许高大威猛。她们浪漫地想象着，忐忑不安地期待着。那应是古代女子心中最五味杂陈的时光。在那个先结婚后恋爱的时代，婚姻永远蒙着一层神秘的面纱。今天的人们已经无缘体会她们在出嫁那一刻心中的复杂感受了，我们只能从遥远的、极尽繁复的婚礼仪式中，努力寻找一丝丝的线索。

聘礼是婚姻将成事实的第一步，也是为人夫者，对将来的娘子的第一次付出。古时，男方送给女方戒指，既有认定女方为一生伴侣之意，又有盼望女方能够心灵手巧、精于女红之意。一枚金戒指加上一小筐针线用品，几乎代表了古时男子对妻子的期望——美丽而贤惠。虽然几百年后的男女，已经将戒指的内涵精简得只剩下爱情，但它作为一种幸福的符号，被永久地定格在了对未来的深深祝愿里。它延续的或许是人们对美满婚姻的殷殷期许与执着追求。

（三）喜帖和婚宴的礼仪

确定婚期后，新人开始向亲朋好友发送婚礼的红色邀请函，即喜帖。

喜帖上会将喜宴的时间、地点告知亲朋好友，现代还可以印制新人的婚纱照。如今时髦的喜帖也有被做成电子杂志的形式，以浪漫的图文形式记录下新人相识、相恋的过程。

传统婚宴的布置以红色为主，红色代表喜庆，也代表爱情的热烈，红色婚礼的布置能让人倍感温暖。而现在的新式婚礼则多以鲜花、气球等装饰营造出不一样的主题氛围，以凸显浪漫的气息。收到喜帖的亲戚朋友在参加婚宴时一般要给新人送上礼金。礼金通常会放在红色的纸包里，被称为"红包"。

（四）大红双"喜"字的由来

古时候，男女双方定下婚期，会布置新房，贴上大红双"喜"字（图2-4）。据说，这大红双"喜"字的来历是这样的：明朝时期，浙江杭州有位方秀才上京赶考，他乘船经过苏州，只见一处岸上灯火通明，歌舞不绝。待船靠岸一看，原来是一户富商出对联选女婿。联曰："走马红灯，灯红马走，红灯灭熄，走马停步。"虽然此地人山人海，却没有人出来应对。方秀才也被难住了。为了不误考期，方秀才只得将对联牢记心中。到京城开科考试那天，主考官以飘扬的"飞虎黄旗"为题出了一联："飞虎黄旗，旗黄虎飞，黄旗翻卷，飞虎藏身。"此时，方秀才不觉心里一亮，便以苏州富商悬联招婚的上联作对，且第一个将考卷面呈主考官。主考官阅卷后，大加赞赏，便将其录取为进士。方秀才归途中喜气洋洋，踌躇满志。途经苏州时，方秀才见悬联招婚的上联仍无人对出下联。此时，方秀才便把主考官出的上联作为下联以对。富商一见十分满意，便设宴将其招为乘龙快婿。一副巧合的对联竟使方秀才双喜临门，方秀才大喜过望，便在洞房花烛夜的那间新房雪白的墙上，工整地书写了大红双"喜"字。

这就是大红双"喜"字的由来，那么关于婚礼的民俗我们将在下一节中继续为大家介绍。

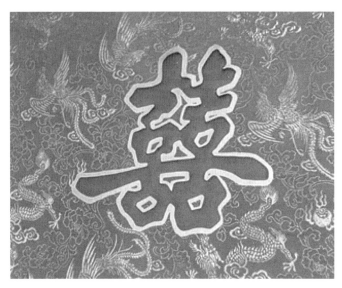

图 2-4　大红双"喜"字

二、苏式婚礼民俗

苏州传统婚俗包含较多流程,而且非常繁复,我们可以来看一下具体的内容。

苏州旧时的婚俗丰富多彩,但是礼仪繁缛,大体分为纳采、问名、纳吉、纳征、请期和亲迎等一系列礼仪。纳采,指男方请媒人至女方家提亲;问名,指男方把写有询问女方的姓名、生辰八字等内容的书札派人送至女方家;纳吉,指男方卜得吉兆,如果双方生辰八字相合,则备礼通知女方;纳征,指男方准备聘礼送至女方家,包含各类讲究的金银、果品等礼物,如果女方收下聘礼,则表示应允;请期,指男方选定迎娶日期,由媒人通知女方,也有按照皇历选择吉日;亲迎,指喜期之日男方备好花轿去女方家迎娶新娘。新娘会在当日开面、结发,坐上花轿到男方家,与男方拜堂成亲。

结婚是指配偶双方依照法律规定的条件和程序确立配偶关系的民事法律行为,并承担由此而产生的权利、义务及其他责任。根据旧俗改良后的苏州婚礼流程与内容具体如下。

（一）迎亲与顶门

苏州婚礼最热闹的是迎亲拜堂，即古代六礼之亲迎礼。喜期来临，男方按吉时发轿亲迎。新娘则沐浴、更衣、开面。梳头时，一般会将新郎的头发梳入新娘的发髻中，谓之"结发"。当男方来迎娶新娘的时候，新娘家的大门起初是关着的，待新郎将包有喜钱的红纸封（红包）塞入门缝后，门才会被打开。新娘在离开娘家前，房间里会挤满自己的姐妹。当新郎到达时，她们故意堵住门口，向新郎索要红包。新郎及其伴郎与她们经过一番讨价还价后，随即递上红包，姑娘们才会开门放新郎及其伴郎进来接走新娘。

这套仪式最初为了显示女子的矜持，告诫新郎求娶新娘的不易，到现在已经成了一群青年男女嬉笑欢闹为婚礼增添喜庆气氛的活动。

（二）花轿与婚车

20世纪20年代之前，新娘第一次结婚时都要乘坐花轿。这是一种装饰精美的大红轿子，轿顶、轿帘与轿身一般会绣着各种龙凤图案，轿顶下点缀一圈鹅黄丝线流苏，尤其是讲究的花轿，轿前有一对飘带，飘带底部还坠有两串小银铃，花轿一动，银铃碎响。新娘辞别亲人，坐上花轿，娘家人就会把一盆清水倾倒在大门外，以清水象征女儿的清白，公开泼水的行为也表示女儿是堂堂正正用花轿明媒正娶走的。

在苏州，枕河人家的迎亲方式更为特别，新娘先坐一段手摇的乌篷船，再由花轿抬进门。

自20世纪30年代起，花轿逐渐被汽车代替。如今，中国的婚车仍保留有一定花轿的元素，如车身会装饰很多鲜花、气球，车前、车后也要贴上书写着"百年好合""永结同心"之类喜庆话的红纸。

在古代，迎亲的队伍可以享受很多待遇，如所有的车、船、轿都会为迎亲的队伍让路，就算迎亲的队伍遇到官员的官轿，官轿也会让路。目前，迎亲的婚车车队依然能够获得路上其他车辆的礼让。

（三）接亲与进门

古代新娘进门有很多复杂的规矩，如花轿到时，要由新郎去踢轿门，新娘仿佛是非常不情愿地被请出来的。有时，新娘要手捧装有苹果的花瓶跨过马鞍，取其谐音之意，象征"平平安安"，再跨过火盆，寓意是以后的日子能够红红火火，这些程序都已在当代婚礼中逐渐消失。

但是在很多地方，新娘进门时，新郎的亲属们会把事先准备好的谷、豆等粮食撒向新娘，表示祝福这对新人以后的生活"五谷丰登"。

（四）拜堂

婚礼中，除了新郎和新娘以外，最重要的角色就是主婚人了。一般而言，男方会聘请一位德高望重的长辈进行主婚。主婚人会向新婚夫妻宣布结婚的意义，祝福两人的婚姻幸福美满。在如今的婚礼上，伴郎和伴娘也是重要的角色，不光在婚礼当天陪伴新郎和新娘，还要对其悉心照顾，有时风格独特的伴郎团和伴娘团也格外吸引眼球，成为婚礼上的一道风景。

苏州传统拜堂，首先看到的是喜堂正中央悬挂的和合四像，旁挂贺联、喜幛，再是供桌上龙凤烛高烧，供有天地纸马，桂圆、花生、红枣由锡盘供奉，另有清茶两杯。婚礼由披红绶带的主婚人主持，男方父母高坐堂上，新郎出堂，主婚人口唱吉祥，三请新人，新人男左女右跪拜天地，拜高堂，对拜。礼毕，新人以挽成同心结的红、绿两色长巾，对立而行。新娘履不着地，地铺棕麻编织的米袋，相递前行，谓之"传宗接代"。

古代中国颇具特色的婚礼仪式是拜堂。新婚夫妻在婚礼上一气呵成的"三拜"，即一拜天地，二拜高堂，夫妻对拜。这套拜堂又称"拜天地"，仪式非常重要，新郎和新娘三拜完成之后才算成为真正的夫妻。由于拜堂具有很强的仪式感，容易掀起婚礼场面上的高潮，这套程式被移植到了当代婚礼中，只是叩拜改成了鞠躬。当代的拜堂一般是新婚夫妻在婚礼上向父母鞠躬，向客人鞠躬，互相鞠躬，以答谢父母、亲友、对方。

（五）仪式

古时的婚礼，新娘都盖着一方大红盖头，可以说，正是这必不可少的小物件为古代婚礼蒙上了一层神秘的面纱。这方贯穿整个婚礼始终的红盖头，不知撩起了多少人心中瞧一眼新娘的欲望。从送亲太太将它小心翼翼地盖在新娘头上开始，到新娘一路被搀扶着走上喜轿，再到她脚踩红毡步入喜堂，最终和新郎一起坐在新房的合欢床上，红盖头隔绝了所有饱含探究的目光，以及新娘自己惴惴不安的环视。

近年来，中国城市中的婚礼几乎都由专业的婚庆公司的司仪来主持，场地一般选在举行婚宴的酒店。这些司仪都有一整套婚宴中的串场词，常使一席婚宴演变成一场由新郎和新娘及双方父母亲友共同参与的文艺晚会。

婚宴上，新郎和新娘要向所有参加婚宴的人敬酒。在我国民间的婚礼宴席上，有新郎和新娘互饮交杯酒的习俗。最早可以追溯到先秦时期，在《礼记·昏义》中有记载：新郎和新娘"合卺而酳"。"卺"本义指古代举行婚礼时用作酒器的瓢。新郎和新娘共饮一瓢酒，有"夫妻合二为一"的含义。唐代，有用瓢作为酒器，也有用杯替代。至宋代，夫妻在喝交杯酒时用的则是两个酒杯了。

（六）洞房花烛夜

婚宴结束后，新郎和新娘就要入洞房了。中国洞房的布置十分讲究。几乎所有的东西都要贴上用红纸剪成的大红双"喜"字，表示喜庆与吉祥。此外，洞房中的许多东西都要成双成对地摆放，以象征新婚夫妻爱情美满。

过去，新房中要放置一对龙凤烛，即"花烛"。这对花烛经过精心制作而成，可以通宵不灭，中国人常称新婚之夜为"花烛夜"。古人称，"久旱逢甘霖，他乡遇故知，洞房花烛夜，金榜题名时"是人生四大喜事。

此外，新房里一般都会有红枣、花生、桂圆和莲子（图2-5）。这四种吃食凭借其独特的吉祥寓意被放置在新房的桌子上,象征着早生贵子。这是古时男子娶妻最主要的原因之一——传递香火。也正因为如此,女子嫁入夫家后最先收到的祝福,便是早日为这个迎娶她的男子添丁。所以这四碟小食拼凑出的早生贵子的美好祝愿,便成了夫妻二人合吃的第一顿晚餐。

图2-5 红枣、花生、桂圆和莲子

婚宴结束后,亲朋好友还常常会聚在新房里与新郎、新娘一同嬉闹,这种行为被称作"闹洞房"。这种风俗大约在汉代就有了。清代学者严可均在《全后汉文》中就有对当时粗陋习俗的记载。现在比较常见的"闹洞房"的手法是用线悬住一颗糖或一个苹果,让新郎和新娘分别从两边来咬,控制线的人故意让他们咬不着而接吻。随着时代的发展,"闹洞房"的习俗早已演变成亲朋好友为增添婚礼的气氛而进行的活动,这通常是婚礼的高潮和亲朋好友关注的热点。

一场繁杂而有序的婚娶礼俗蕴藏着中华民族对生命延续与文化传承的美好期冀,它让所有步入婚姻的人体会到了生活的甜蜜,感受到了重大的责任。婚娶,或许就是借爱之笔,描绘出了一幅色彩纷呈的社会全景图。

第三节 四季苏式美味佳肴

对美食的种种追求和讲究，代表了我们对生活的热爱。"民以食为天"，吃是实现生存目标的首要手段。中国拥有五千多年的历史，它的饮食文化与烹调技艺是其文明的一部分。现在就让我们走进苏州，一起来品尝一年四季的美味佳肴。

中餐的菜肴以色艳、香浓、味鲜、形美而著称于世。中餐的菜肴名称也别具特色，富有中国传统文化特色，给人以美好的回味，如游龙戏珠、阳春白雪、银珠牡丹、金玉围翠、玉手摘桃、宫门献鱼等，五花八门，应有尽有，充满了诗情画意。中华民族丰富悠久的美食文化传统，经过几千年的发展，形成了博大精深的"食文化"。长期以来，全国各地的菜肴由于选用不同的原料、不同的配料，采用不同的烹调方法，因而形成了各自的独特风味和不同的菜系。其中，较为著名的八大菜系是指川菜、粤菜、苏菜、湘菜、闽菜、徽菜、浙菜、鲁菜。我们以苏菜中的苏帮菜为例，介绍苏州的饮食习俗。苏州物产丰富，四季食材多样，苏州人以稻米为主食，鱼虾、菱藕等水产资源尤其丰富。在吃的方面，苏州人十分讲究时令，每一种食材的推出，也许不消一个礼拜就过时了，如菜花塘鲤鱼、清明前螺蛳等。时令一过，这些菜便少有人问津，形成了苏州特有的时令尝鲜的习俗。因此，打造一份苏州人的四季食单，必须有丰厚的食材作为支撑。

四季食单的制作需要具备季节性、时令性、地方性、特色性、大众性和故事性，而且每个季节都应包含冷菜、热菜、点心和汤。当然，这些菜不等于苏州四季菜品的全部，只是一个不完全的收罗展示。让我们一起来解读这份苏帮菜四季食单里的精髓。

一、苏州春季美食

中国人一见面都会相互问候:"吃了吗?"而西方人问别人同样的问题,则表示想邀请对方吃饭的意思。饮食在中国的传统文化中非常重要,中国人很讲究吃,特别是在人生大事上都要有吃的项目,生老病死各种仪式都要有吃的主题。例如,宝宝满月后要邀请亲戚朋友吃满月席,孩子考上大学后要请吃状元宴,新人结婚要请吃喜酒,老人过六十大寿要请吃寿宴,亲人去世要请吃白事饭。人一生奔波,忙忙碌碌,都围绕一个"吃"字。中国人的吃既是一门学问,又有很多有趣的传说。每年从新春第一天开始到最后一天结束,凡重大节庆日都有吃的习俗。我们一起来分享苏州人春天的美味佳肴,看看这份春季食单(图2-6)。

> 冷盘:苏式酱鸭、葱油双笋、香干马兰头、香椿拌豆腐。
> 热炒:碧螺虾仁、葱香蚕豆、莼菜氽塘片、酱汁肉、酱爆螺蛳、酒香金花菜。
> 汤:腌笃鲜。
> 点心:青团子、酒酿饼。

图2-6 春季食单

春季,春笋、香椿、碧螺春、蚕豆、塘鳢鱼、螺蛳……这些丰富的食材让苏州人的春季食单丰满生动。

因笋入选的菜品有葱油双笋,其做法是将煮熟的莴笋、春笋和葱油一起拌匀,白绿相间,细葱点缀,带着春的绿意盎然。香椿拌豆腐,更是一道家常菜,不过很多饭店里却很难见到这道菜。每年春天来临,香椿上市仅有短短几周,这种早春上市的树上蔬菜,取自香椿树的嫩芽,色泽红绿相间,质地脆嫩,香气馥郁。清明节将至,赶在香椿过季之前,用香椿拌豆腐、炒鸡蛋,既能满足人的口腹之欲,又能留住春天的味道。

春天也是苏州碧螺春(又称"吓煞人香")上市的季节。相传,在清康熙年间（1662—1722年），有一年洞庭东山碧螺峰上的茶树长得特别繁茂，采茶的姑娘们采下来的茶用竹筐装不下，就把多余的茶放在怀中。茶冒出热气后透出一阵异香，采茶姑娘们争呼"吓煞人香"，此茶由此而得名。康熙三十八年（1699年），康熙皇帝品尝此茶，见其香气芬芳，味醇回甘，碧绿清澈，倍加赞赏，但觉得"吓煞人香"其名不雅，于是根据其茶色、茶状和产茶时间，赐"碧螺春"这个名字，取茶的色泽碧绿，形状卷曲似螺，于春时采摘，又得洞庭特色，从此碧螺春茶闻名于世，成为清宫的贡茶。在苏式菜肴中用河虾制作的菜颇多，如油爆河虾、盐水河虾、碧螺虾仁等，其中碧螺虾仁为苏州传统名菜。碧螺虾仁用碧螺春的清香茶汁作为调料，与虾仁一起烹调而成。入口后，这道菜不仅有河虾的鲜味，而且有名茶的清香，别具韵味。上桌时，如以茶叶点缀围边，则色香味俱全，凸显苏州菜肴特色。

春天要吃的一块肉，非酱汁肉莫属，所以入选春季食单的正是苏州人颇为喜爱的酱汁肉（图2-7）。这道菜色泽通红，秀色可餐。这里介绍一下具有苏州特色的酱汁肉。酱汁肉是苏州人春天餐桌上的第一块时令肉。老苏州人常说："一年四季四块肉，春天的酱汁肉，夏天的荷叶粉蒸肉，秋天的扣肉，冬天的酱方。"这四种肉都是采用猪肉制成的。可见，苏州人的养生之道，根据节气的变化，采用不同的方法把猪肉做得如此精致。酱汁肉最诱人的是其通红的色泽。这道菜的做法是先取五花肉，每块切成两寸（约为6.67厘米）见方；再用细盐抹一抹，然后焯一焯（水煮开后关火，将肉洗净后再煮）；接着用旺火烧，水烧开后放入红米包（红米、曲米用干净纱布包起来），以及料酒、茴香和酱油少许；等那肉酥透了，最后放入冰糖，熄了火，耐心等肉焖透。俗话说，"千烧不如一焖"。烧这块肉有三个诀窍：一是肉要酥，二是色要红，三是糖要足。有了这三个诀窍，这道菜保准色、香、味俱全。倘若学着饭店里的样子，用些金花菜之类的蔬菜打底，那真是有"红肥绿瘦"之诗意呢！

图 2-7　酱汁肉

汤品腌笃鲜，用的咸肉也是很有讲究的，以前时兴春节杀猪，将猪肉腌制好，以便人们开春时可以吃到咸肉。苏州人吃的腌笃鲜，就以这种咸肉为料，既新鲜又美味。何谓"腌笃鲜"？腌，指咸肉，此咸肉有讲究。苏州人一般在春节前杀猪，即取部分腌制。这种腌制一个多月，且在西北风口吹了一两个星期的新鲜咸肉为上品。鲜，指新鲜猪肉，一定要带皮并有一些肥膘的猪肉为佳，蹄髈、软肋、夹心肉均可，切不可选用纯精肉和大排骨。笃，是一种用苏州话表达的烹调方法，即用文火烧煮，使原料入味的烧法。咸肉、竹笋、鲜肉、水放在一起笃，笃成一锅汤，汤味鲜香浓郁，呈乳白色，竹笋鲜嫩，鲜肉酥烂，很受食客喜爱。传统的"腌笃鲜"是不要放莴苣的。

此外，清明时节，点心里自然少不了经典的青团子和酒酿饼。传说，大禹用疏导之法，使三江通流入海，太湖水位下降，水患得以平息，为种植冬小麦创造了条件，大禹也因此深得苏州人的爱戴。人们做精美的供品来祭祀大禹。清明节时正是冬小麦返青的时候，苏州人用麦叶汁和糯米粉做成了青团子，将青团子供在大禹的墓碑前，以示不忘大禹治水之恩。久而久之，相沿成俗。至今，苏州人清明上坟仍以青团子作为供品。青团子如果用野生的麦叶汁与糯米粉做，更是清香扑鼻。太平天国时，忠王李秀成被清兵追捕，藏在村野之中。由于村子被清兵封锁而没有食物，村民采摘艾叶回家洗净、煮烂、挤汁,将汁水揉进糯米粉内,做成一个个青团子,然后把圆溜溜的青团子放在青草里,以混过清兵的检查。李秀成吃了青团子,觉得它又香又糯,且不粘牙。后来,李秀成命令太平军都要学会做青团子,以御敌自保。吃青团子的习俗由此流传开来。青团子做工讲究,以昆山正仪青团子最为有名,制作时须将糯米粉用麦叶汁调和,用豆沙、枣泥等作为馅料,加上板油,用芦叶垫底,放到蒸笼内蒸熟,出笼时色泽鲜绿,香气扑鼻,是清明节颇具特色的节令食品。

二、苏州夏季美食

苏州的夏天是丰富多彩的,这里的江河湖泊星罗棋布,让多少文人墨客吟咏至今。这里的美食更不用多说,无论是饭店里的招牌菜,还是弄堂里无名的零食,都充分地诠释着古城的精粹。我们来介绍一下苏州夏天里一些比较受欢迎的美味佳肴,看一看这份令人垂涎欲滴的夏日食单(图2-8)。

> 冷盘:虾籽白切肉、糟钵头、冰糖番茄、盐水鹅、葱油茭白。
> 热炒:荷叶粉蒸肉、响油鳝糊、清风三虾、面拖六月黄、清蒸白鱼、清炒枸杞头。
> 汤:西瓜童鸡。
> 点心:白水粽、炒肉团、绿豆汤。

图2-8 夏季食单

糟钵头,是一款离我们的生活渐行渐远的菜品,小小的缸里糟上毛豆、萝卜、鸡爪子等,酒香扑鼻,清爽开胃。苏式盐水鹅,用秘制调料白煮而成,鲜嫩可口,肥而不腻。

苏州产茭白,一年两季,六月份和十月份的最为好吃。茭白不只是夏季盛产,新鲜的茭白肉质白皙,入口软糯清爽。茭白富有营养,还有清热生津、降血压的药用价值。茭白作为太湖"水八仙"之一,带着水灵灵的质感，是一种非常棒的消暑蔬菜。

夏天，人的食欲减退。吃肉，一定要清爽可口。在苏州，这道肉菜必然是荷叶粉蒸肉（图2-9）。人们单看菜名，就觉得有种荷叶飘香的清爽。夏季的荷叶粉蒸肉，其做法也颇为讲究。一大清早，农贸市场上卖藕的、卖鸡头米的水乡农民，担头上都备有新鲜的荷叶，人们买也行，讨也罢，至于家有后花园的大户人家，口气就不一样了。这道菜的原料以新鲜的小猪肋条肉为上，洗净后放入大块在锅中翻烧。精盐、葱姜、茴香之类是必不可少的，酱油、糖只要少许。荷叶粉蒸肉以鲜香爽口为宜，不能多放糖，否则太腻。一些外地人说苏州人烧菜把糖当作盐放，其实也是以偏概全的说法。实际上，糖放与不放，或放多放少，也要"因菜制宜"。肉烧熟，冷却后切成片，如面店里一块焖肉的大小。接着，还要做一碗炒米，用上等的白米，放在铁镬子里炒至黄金色，趁热碾成粉末，稍粗一点也没关系，涂在肉的两面，并用荷叶包起来，一片叶包一块肉，一起上蒸笼蒸。随着温度的升高，蒸汽在厨房里氤氲缭绕，那荷叶里的清香，不仅飘在空中，也渗进了肉里。这时，人们被夏季高温压制着的食欲，全部被释放出来了。

图2-9 荷叶粉蒸肉

响油鳝糊，不用多说，是经典的苏州吃法。夏天，"太湖三白"里就选入了一道清蒸白鱼（图2-10）。清风三虾，是黄梅季节的菜品，雪白的虾仁、通红的虾脑、褚褐色的虾子，再配上翠绿的荷叶，不但口感好，而且有着极强的视觉冲击力。

图 2-10　清蒸白鱼

夏季食单里的汤品西瓜童鸡似乎看上去让人有点云里雾里的，但它的味道鲜美，瓜香四溢。炎炎夏日，餐桌上如果有一道西瓜童鸡，那便是一道美丽的风景线，别有一番情趣。西瓜童鸡是一道苏州名菜。西瓜童鸡中的童鸡，要在其腹内填入一些配料，如火腿、虾仁、香菇与木耳等。其实，西瓜童鸡是在西瓜灯的基础上发展而来的。在苏州，每逢西瓜上市的季节，民间有玩赏西瓜的风俗。人们把西瓜顶上切去一部分，将瓤挖尽，仅剩薄皮，然后在瓜皮上用刀雕出图案与文字，或是山水花鸟，或是梅兰竹菊，或是四体书法。晚上在西瓜内点上蜡烛，挂起来以供观赏。在陆文夫的小说《美食家》中，美食家朱自冶与人交谈中说到的西瓜盅，即西瓜童鸡。这道菜的做法是先选用一个 2 千克左右的西瓜，切盖去瓤，皮外饰花纹；再将一只嫩鸡，放入汽锅中蒸透，并移至西瓜中，合盖后蒸上片刻，即可取食。食用时，以一张鲜荷叶衬于瓜底，碧绿清凉，增加风味。如果要追溯西瓜童鸡的来历，则可知它的原名为"一卵孵双凤"，最早始于山东孔府。在清同治元年（1862 年）的一个夏天，孔府膳房厨师考虑衍圣公孔祥珂平时非常爱吃鸡，便将西瓜挖去瓤，放入两只雏鸡，加上调料，上笼蒸制。孔祥珂品尝后十分赞赏，认为这道菜清香扑鼻，鸡肉绝嫩，很是适口。孔祥珂询问厨师这道菜的菜名，厨师说叫西瓜童鸡。孔祥珂听后觉得不雅，思考后取名"一卵孵双凤"——西瓜为"卵"，双鸡为"双凤"。于是，它便成为孔府的一道夏令名菜。清末，西瓜童鸡又传入江苏各地，成为人人喜爱的夏令名菜。

所谓"冬至馄饨夏至面"，老苏州人在夏至这天是要吃面的。你一定要尝尝夏令特色面。苏式面精工细作，从做面、吊汤、烹制浇头，到煮面、捞面、点单、开吃，皆有学问。而且随着时令不断出新，比如盛夏时节，最推荐这五类"清爽系"夏令特色面，即枫镇大面、三虾面、风扇凉面、卤鸭面、素浇面。

端午之时，适逢夏日，点心里选入了一款白水粽，冷盘里有一款冰糖番茄，将鲜红色的去皮番茄切块，撒上亮晶晶的砂糖，这些菜品都是为了激发人们的食欲。

苏州的夏天，就是从一口炒肉团开始的，而这更像是一种既定的仪式。作为苏州最受欢迎的时令美食之一，炒肉团一上市，就被人们疯抢一空！谁说只有三虾面才能独占风头，炒肉团同样占有一席之地。炒肉团以蒸熟的水磨糯米粉、粳米粉团包入炒熟的肉馅，浇上卤汁制作而成。它看起来和包子比较像，但又不同于包子。通常的包子是生面皮，包好了再蒸。而炒肉团是用熟粉做皮，水磨糯米粉和粳米粉用冷水拌成絮状上笼蒸，蒸熟再擀皮、包馅。皮是熟擀的糯，馅是现炒的香，还带着快火的镬气。这样做出来的炒肉团口感清鲜，和夏天更配。除了面皮的学问之外，里头的馅料也是一绝，共有七样。三荤：猪肉、开洋、虾仁。四素：黄花菜、木耳、笋丁、扁尖。这些馅料都不必强记，吃进嘴里的时候就能依次感受到馅料丰富，且相得益彰。比较特别的是，其中的虾仁需要单独在油里熘一下后盛出。团子做好后，轻轻撒上几粒虾仁，点在团子顶部中央，晶莹剔透，就像一位亭亭玉立的姑娘，略施粉黛。浇的汤卤便是炒肉的肉汤，全是精华所在。白生生的团子宛如一盏白玉茶碗，盛着色彩缤纷的馅料和金黄的汤卤，格外诱人。茶碗虽小，里面却全是心思。

三、苏州秋季美食

苏州人很讲究"不时不食"，跟着季节吃美食。那么，苏州人秋天吃什么呢？除了人人都知道的阳澄湖大闸蟹之外，苏州秋天还有其他丰富的物产，如稻米、水产、蔬果等，这些都是可得口福之乐的吃食。尤其是水稻，质地上乘，有香粳米等产品。而水产资源就更为丰富了，除了"太湖三白"（白鱼、银鱼、白虾）之外，还有"长江三鲜"（鲥鱼、刀鱼、河豚）。苏州的蔬果自古有名，品种较多，四季不断。如蔬菜有"水八仙"（茭白、慈姑、水芹、莲藕、菱角、芡实、荸荠、莼菜），水果有枇杷、杨梅等。苏州物产丰饶，饮食也格外讲究，恪守"不时不食"，每个季节都有时令的好味道。正如赵筠在《吴门竹枝词》中咏道："山中鲜果海中鳞，落索瓜茄次第陈。佳品尽为吴地有，一年四季卖时新。"我们一同来看看这份秋季食单（图2-11）。

> 冷盘：油爆河虾、桂花糖藕、苏式熏鱼、白斩鸡。
> 热炒：栗子鸡、黄焖河鳝、鸡油菜心、云林鹅、荷塘小炒、阳澄湖大闸蟹、蟹粉豆腐、红烧鲍鱼、扣肉。
> 汤："三件子"砂锅。
> 点心：鸡头米、桂花糖芋艿、鲜肉月饼。

图 2-11 秋季食单

荷塘小炒，综合了莲子、红菱、鸡头米、白果、板栗等丰富的食材原料，相当养生美味，这是一道以莲藕为主的秋季养生菜。颜色和营养的配搭上是很有讲究的，无论是在色泽、营养上还是在口味上，都堪称"素菜中的经典"。秋令时节，正是莲藕应市之时。莲藕除了含有大量的碳水化合物之外，蛋白质、维生素和矿物质的含量也很丰富，民间早有"新采嫩藕胜太医"之说。对于老年人来说，莲藕更是养胃滋阴、健脾益气的好食材。

秋季，苏州满城桂花飘香，桂花、"水八仙"、螃蟹，这些食材被尽可能地收录进秋季食单。秋季的一个重头戏，就是河蟹了。河蟹味道鲜美，是江南地区人们的最爱，苏州地区最负盛名的河蟹当然要数阳澄湖大闸蟹（图2-12）了。"秋风起，蟹脚痒；菊花开，闻蟹来。"秋风送爽之时，正是蟹肥膏红之日。一般从九月中旬开始，苏州的蟹农陆续开捕，馋嘴的食客们早已等不及了，都巴望着可以一饱口福。为了吸引食客，类似蒸煮螃蟹这样的大菜肴姑且可以放置一边，暂用蟹粉豆腐这样的蟹肴打开食客们的味蕾。

图2-12　阳澄湖大闸蟹

鲌鱼，原来叫斑鱼，也是苏州的美味。红烧鲌鱼是用红烧的方式烹制而成的一道菜，既有地方特色，又不失草根风味。苏州市吴江区七都镇盛产鲌鱼。鲌鱼体长而侧扁，小口大腹，细鳞、花背、白肚，鳍为灰黑色。鲌鱼营养丰富，富含蛋白质及多种微量元素，还具有温中补益之食疗功效，且肉质细嫩洁白，味美爽口，富有弹性，若烹调得法，其鲜美的程度比河豚有过之而无不及。鲌鱼的食法有多种，如先杀鱼去皮，洗净，取出内脏，保留鱼肝，用涮火锅的形式，一边涮一边吃。鲌鱼值得品尝的除了鱼肉之外，还有鱼肝。鲃鱼是靠鳃呼吸的，没有肺，其肝异常大，且细腻柔嫩，所谓"鲃肺汤"，实际上就是以鲃鱼的肝为主料烹制而成的一个汤品。据说，清朝乾隆皇帝误认为此汤是鲃鱼肺做的，故赐名"鲃肺汤"。既然乾隆皇帝都这样叫了，这个名称也就一直沿用下来。清初诗人朱彝尊在《食宪鸿秘》中写道：鲃鱼剥皮去杂，洗净。先将肺同木花入清水浸半日，与鱼同煮。由此可见，至少在明末清初已有人误以鲃鱼的肝为"鲃肺"了。

通常来说，人们喜欢将"斑肝汤"说成"鲃肺汤"，这里面还有一段故事。1929年中秋之际，著名书法家于右任先生偕夫人及友人李根源到太湖游玩赏桂，归途中路过木渎，便到镇上石家饭店用餐。为了招待于右任先生，店家特地做了道"斑肝汤"。没想到，于右任先生食后对此汤情有独钟，赞不绝口，即兴挥毫写下"老桂开花天下香，看花走遍太湖旁。归舟木渎犹堪记，多谢石家鲃肺汤"的诗句。店家以为于右任先生所书弥足珍贵，特悬诸壁间，因此"鲃肺汤"也名声大噪。由于于右任先生是陕西人，对吴侬软语听得并不真切，故所书有笔误之嫌。但是，于右任先生的书法颇负盛名，诗也写得颇有韵味，所以"鲃肺汤"便取代了"斑肝汤"，流传至今，在烹饪界传为一段佳话。

秋天吃扣肉。说起扣肉，得先考证一下，什么是扣肉？但凡我们在餐桌上见到的这道菜，都是一薄片一薄片的肉覆盖在一堆配菜上。那为什么叫扣肉呢？一盆扣肉上桌，肉是表象，食客关心的是那被肉扣住的是何物呢？苏州人一般有三种选择：第一种是绍兴霉干菜，比较大众化，几乎家家户户都会做霉干菜扣肉（图2-13）。第二种是豇豆干，取夏令时蔬长豇豆，趁新鲜时焯干。所谓焯干，即烧一锅开水，将整条的长豇豆往开水里一放，长豇豆在锅里上下翻腾一两分钟后，将其捞起，再一条条晾在细绳上。秋季太阳火辣辣的，两三个日头一照，长豇豆已经干透了，打个包，吊风口也行，放冰箱也行。到烧扣肉时，将五花肉用温开水一泡，用快刀切断，起个油锅，再浇上肉汁，用文火烹调，将其盛在大碗中压紧，倒扣盆中，把肉压紧。肉要切得薄，排得齐，像小姑娘跳扇子舞，将两把打开的折扇组成一个圆，遮住一张羞答答的脸。当然，扣肉藏宝，最美味的要数菜花头干了，这就是第三种选择。那菜花头干，碧绿生青，清香扑鼻，用作扣肉辅料，实在糯香得很，苏州人说是"打耳光都不肯放"。

图 2-13　霉干菜扣肉

"三件子"砂锅，虽然名字比较俗气，但比较乡土化，因而入选。"三件子"砂锅最初来自民间，是民间的一道大菜，后来才被餐馆引进。过去，苏州人都住在老宅里，冬天没有空调，一家人围坐在一起吃饭时常会觉得冷。这时候，桌上有一道热气腾腾的"三件子"砂锅，吃起来就会感觉很温暖。而这样的菜肴，最适合在亲朋好友团聚时享用。"三件子"砂锅是秋季的一道苏帮大菜。顾名思义，这道菜的主料有三件，即鸡、鸭和蹄髈，再加上火腿、高汤等辅料，放在一个大砂锅内炖上 2～3 小时方成。据了解，"三件子"砂锅曾经很流行，历来是老苏州人眼中的一道王牌菜肴，直到20世纪80年代还有不少店家会做，但后来会做这道菜的厨师逐渐减少。最近几年，吃"三件子"砂锅的食客又开始多了起来。每到秋季，不少苏帮菜馆就开始供应"三件子"砂锅，颇受老苏州人的青睐，甚至一些上海食客也慕名而来，品尝久违的味道。烹饪"三件子"砂锅十分讲究，首先食材要好，尤其是三样主料中的两样，必须选用老鸡、老鸭，这样才经得起煮，如果用嫩鸡、嫩鸭，几个小时下来，还没等菜上桌，肉就全部掉下来了。主料煮之前要焯水，而且水要煮沸，否则菜肴就会有腥味。同时，主料煮的时候要用冷水煮，不放酱油，只放葱、姜、料酒。由于猪蹄本身味重，只需加少许盐即可。辅料火腿不能久煮，在上桌前半小时加为宜。

点心中的鸡头米，最值得一提。苏州秋季第一波甜品首推鸡头米。鸡头米，学名芡实，中医认为在秋天进食芡实，可调理炎炎夏日损耗的脾胃。苏州的鸡头米口感绝佳，无可撼动。芡实，又大致可分为南芡和北芡，其中品质以南芡为佳，而南芡中的苏芡，即苏州的鸡头米又为上上佳品，其果粒如珠玉，晶莹剔透，清香软糯，口感甚佳，是苏州土特产中的上品。苏芡是一种生长在苏州的稀有特产，又名"鸡头肉"，俗称"鸡头米"，其果实呈圆球形，尖端凸起，状如鸡头，有健脾益气、固肾涩精等作用，所以便有了"鸡头米"这个既亲切又贴切的俗名。鸡头米果肉呈玉白色，甜润软糯，是依靠人工从果壳中剥出来的。一般熟练的工人剥 500 克鸡头米要花费 2 小时，一天最多可以剥 2 500 克。由于颇费人工，鸡头米本身又是可与银耳相媲美的滋补品，所以卖价较高。鸡头米一般在 9 月份前后上市，在 10 月中旬左右下市。如今，人们可以将新鲜的鸡头米冰冻保存，可以保存一年。手剥鸡头米，这一过程最是辛苦，真是"粒粒皆辛苦"啊！

鲜肉月饼，是中秋佳节苏州人最爱吃的美食之一。苏州的小吃千千万，鲜肉月饼是很多当地人的心头好。吃上一口鲜肉月饼，苏州人的秋天才算完整。刚出炉、热腾腾的鲜肉月饼，趁热咬一口，酥皮一层层地掉落，肉香满溢，唇齿留香。

四、苏州冬季美食

都说江南的冬天比北方更冷，湿冷的天气常常冻得人坐立不安。不过懂得养生的苏州人早已总结了很多驱寒的办法。大冷天，热气腾腾的羊肉店随处可见，光是想到那肉汁饱满的羊肉就感到一股暖意涌上心头。当然，苏州还有许多冬季美食，且都与养生有关，既好吃又进补，冬天来到苏州一定要尝尝。我们一同来看看这份冬季食单（图 2-14）。

> **冷盘**：美味羊糕、海蜇萝卜丝、暴腌菜婆、香干水芹。
> **热炒**：京葱羊肉、酱方、蟹粉蹄筋、烂糊白菜、汆糟青鱼、红烧萝卜。
> **汤**：母油船鸭。
> **点心**：萝卜丝团、鸭血糯、枣泥拉糕、白玉方糕、八宝饭。

图 2-14　冬季食单

冬季是食补的季节，羊肉必不可少，"不腥不腻，汤色乳白，肉酥而不烂，香气扑鼻，口感鲜美，常食不厌"，这是一碗藏书羊肉的魅力。苏州的藏书羊肉始创于明代，且拥有着世代相传的独特烹调秘方。作为冬令进补的佳品，藏书羊肉至今亦有"冬吃羊肉赛人参，春夏秋食亦强身"一说。

一年四季只有苏州人的食事跟随季节轮转，忙不休，一个接着一个，到秋季的时候食事似乎更为繁忙，从"水八仙"的叫卖声不绝如缕，到阳澄湖大闸蟹的陆续上市，再往后就是藏书羊肉的主场了。羊肉是时令较强的食物，人们只在入冬的时候开始品尝。一般而言，煮藏书羊肉用的是木桶，木桶可以充分吸收羊肉的膻味。有经验的厨师在烹调藏书羊肉时，会先把锅预热，然后放入焯过水的大块羊肉，再加入事先熬好的羊肉高汤，将其煮至沸腾，最后出锅，撒上蒜花，一碗色香味俱全又营养兼备的藏书羊肉就完成了。在苏州，人们喜欢将藏书羊肉做成火锅，还会在锅中添加粉丝、大白菜、豆腐等食材，可谓是色香味俱全。这时，美味羊糕也进入了冬季食单的冷盘。

每个季节，苏州人的餐桌上都有"一棵菜"，早春吃剑菜，夏天吃鸡毛菜，秋天吃霜打矮脚青，冬天的"一棵菜"就演变成了冬季食单里的暴腌菜婆。老苏州人喜欢把冬天的大青菜分成三个层次享用，最里层的菜心烧

第二章 感受苏州民俗的别样风情

汤,中间一层用来下面条或者做炒饭,最外层的菜梗适当腌制,淋上酱油、麻油做成盐渍菜,这道菜到了饭店里就被称作"暴腌菜婆"了。此外,隆冬季节,作为"水八仙"之一的水芹也登场了,一道香干水芹足以让苏州人馋得流口水。

在冬季食单里,也出现了唯一不是苏州物产的京葱,这是以前苏州人基本上不用的原料,现在则以京葱羊肉的方式隆重登场了。

冬天吃酱方(图2-15)。要说吃肉,倒似乎是只有吃酱方才显现出吃肉的真谛。酱方之肉,有肥有瘦,瘦而不干,肥而不腻,这也算是酱方之一绝了。所谓"方",方肉,大肉也!一个大盆端上来,盛放着整块方肉,厚笃笃,福得得,滋润丰满,特别吸引食客们的眼球。用"浓油赤酱"四个字来形容酱方是最合适不过了。面上那一张肉皮更是金光灿烂,令人垂涎欲滴。这时,一向温文尔雅的苏州人也会豪气冲天,想要"大碗喝酒,大块吃肉"。于是,一桌人捋起袖子,站起身来,伸出的筷子像雨点一般落下,一个个开始大快朵颐了。酱方焖得酥烂,不用刀切,用筷子夹即可,送入口中,肥瘦相和,味道奇佳。肥肉爽滑不腻,瘦肉香而滋润,肉在嘴里稍一活动,那油溜溜的肉皮"嗖"地顺着喉咙往下滑,满口余香!

图2-15 酱方

因为要追求大众化，所以就有了红烧萝卜、烂糊白菜等草根菜肴。以前，过年的时候才会出现的青鱼，如今也以籴糟青鱼的形式出现在冬季食单里。

青鱼是我国淡水养殖的"四大家鱼"之一，是肉食性鱼类，牙齿锋利，爱吃螺蛳、蚌、蛤等，体色乌青，故称"乌青鱼""乌混""螺蛳混"等。青鱼生长快，而且体形硕大，最大的能达到70千克以上。旧时，苏州人过新年要相互送礼，称"送年盘"，年盘里有鱼肉、果点，青鱼也必不可少。过去，苏州每户人家买了青鱼，在鱼嘴与鳃之间穿了一根红绳，挂在自行车车把上，青鱼尾一定要拖到地上才算够分量。人们一路骑行回家，能创出极高的回头率，比现在开着敞篷跑车还有范儿。备年货时，处理青鱼是一个复杂而又幸福的工作，在处理过程中，满满的都是喜庆的心情。青鱼肉质紧实且细腻，一鱼可多用，能把青鱼的各个部位发挥到极致。籴糟青鱼曾是一道苏州本地很有名的家常菜，籴糟用的是青鱼，在北风起的季节里，先取一节去鳞后的青鱼段，洗净后从鱼脊处剖开，在鱼肉里面剖两刀，且不能破皮，并用少许盐涂抹在鱼肉上腌5~10小时；再用做黄酒的酒糟，加一点黄酒，化为泥状，涂在鱼肉上；然后将砖或其他重物压在青鱼的身上，这样能够让青鱼本身含有的水分渗出来，2~3天后，青鱼已经有点发硬时，把水倒掉，里面剩下的泥继续涂在青鱼的身上；最后等到2~3天后，将青鱼拿出来吊在阳台上，籴糟用的青鱼就做成了。做青鱼的时候，先在锅中放入春笋、咸肉、肉汤或鸡汤、姜片、葱、清水，用火煮开，去沫；然后尝一下咸淡，放入青鱼段，煮15分钟；最后将鱼片切开，大火速籴，当鱼片上浮时就能出锅了。这是一道苏州冬季特色菜，糟香醉人，味道极为鲜美。

冬季食单里还有一道母油船鸭。何谓"母油"呢？上等的酱油叫"母油"，古代在缸里做酱油，第一坛酱油就叫"母油"，用它烧出来的鸭子放入砂锅里进行烹饪，不多时就能让满屋子充满香气，这也是苏州经典的冬令菜肴。点心中入选的鸭血糯，是产自常熟的血糯，米皮紫红，气香而味腴，这可是一款极好的冬令滋养补品。

枣泥拉糕是苏州等地的冬季传统风味小吃，也是非常典型的苏式糕点。以前，做此糕用枣泥糊、糯米粉和水较多，将做好的糕盛入碗中，食用时用筷子挑起、拉开，故称"枣泥拉糕"。后来，这道枣泥拉糕，经改进制作方法，减少加水量，切块装盆，形态美观，风味尤佳。

苏州还有白玉方糕。它以红豆为馅，寓意赤诚之心；外形方正，寓意耿直不欺；方糕如玉，是为白玉方糕。"糕贵乎松，饼利于薄。"做白玉方糕，要经过多次筛粉，使粉质变得均匀、细腻，而豆沙馅料更是每日需耗费4小时熬成。这样做出来的白玉方糕，豆沙馅香气扑鼻，入口有嚼劲，口感又松软，一块糕点下肚，满嘴香甜。

最冷的日子里，苏州人的心却渐渐火热起来。新年将至，人们忙着买年货，外面的天气再冷，苏州人依然过得优哉惬意，大红"福"字贴上门，预示着新的一年里，依旧风调雨顺，安宁幸福。有一道时令美食绝对是每家老苏州人饭桌上的压轴菜，那就是寓意团圆甜蜜的喜庆菜——八宝饭，它不仅方便存放，而且营养美味。饿的时候，人们将八宝饭拿出来蒸一蒸，尝一尝，香甜软糯。

第三章

领略苏州民俗的独特魅力

民俗是千百年来人们在社会生活中约定俗成的一种特殊的文化现象，它往往是一个地方社会生活的缩影。苏州的民俗及其文化内涵极为丰富，同时还附带有充满传奇色彩的民间传说和节令小吃。走进苏州寻常百姓家中，你不仅能感受到养花品茶的民俗氛围，还能惬意地欣赏吴地美景。

悠久的历史使苏州拥有深厚的文化底蕴，苏州的民俗活动也正如一幅画卷，让我们在欣赏"小桥、流水、人家"的迷人风貌的同时，品味温馨的民俗风情和多彩的民间艺术。昆曲、评弹等展示了中国传统文化的博大精深和吴文化的独特魅力；中国四大名绣之一的苏绣历史悠久、技艺精湛，素以"精细雅洁"驰名中外。

苏州不同季节的民俗及其文化内涵也特别丰富，一般都会有相关的历史渊源和民间传说，并附有相应的传统节日娱乐活动。如农历正月十五"闹花灯"，农历二月十二"虎丘花朝"，农历三月"谷雨三朝看牡丹"，农历清明"山塘看会"，农历四月十四"轧神仙"，农历五月初五"龙舟竞渡"，农历六月廿四"赏荷观莲"，农历七月十五"虎丘中元庙会"，农历八月"山塘灯船""石湖串月""虎丘听歌"，农历九月"阳山观日出"，直至农历十月"看元祀会"，等等。现在就让我们一起来参加苏州保留至今的一些民俗活动吧。

第一节　香雪海赏梅花

距苏州城西南 30 千米有座风景秀丽的邓尉山，每年三月，春暖花开之际，满山的梅花形成了一道独特的风景线。本节让我们一起走进邓尉山的香雪海，一探它的过去与现在，一起欣赏由邓禹所种的"清""奇""古""怪"四棵千年古柏。

邓尉山位于苏州市吴中区光福镇，这座山因纪念东汉太尉邓禹而得名。山上植数万株梅花，梅花品种繁多，以千叶重瓣的白梅为主，红梅、绿梅、紫梅、墨梅等应有尽有，五颜六色，各展风采（图 3-1）。当梅花凌寒开放时，漫山遍野，繁花似雪，花光映照，暗香浮动，仿佛身临香国仙境。微风吹过，邓尉山馨香弥漫数里，俗称"十里香雪"，有"邓尉梅花甲天下"之称。

图 3-1　邓尉山的梅花

一、邓尉山探梅

仔细探寻光福镇种梅的历史，可以追溯到秦末汉初，当时这里的人们

以种梅为业,"种梅如种谷"。可以说,无山不种梅,又以邓尉山的香雪海之梅最盛。明清之际这里回环百里皆梅,与山水相间,

据《光福志》载,"邓尉山里植梅为业者,十中有七"。"种梅如种谷",这和扬州的"十里栽花算种田"是一个意思。

花开烂漫时,展现一个极为壮观的景象:"入山无处不花枝,远近高低路不知。"有人曾形容说:"游人到此'咳吐皆香'。"明代诗人王穉登《看梅过玄墓山中(二首)》的第一首写道:"人似梅花瘦,舟如兰叶长。青山十亩白,流水一春香。种密人难入,开齐夜有光。苔枝容我折,野老不嗔狂。"第二首写道:"桥外花开日,分明雪作图。不将他树杂,未有一家无。多处半青嶂,香时过太湖。浊醪元易得,市远亦须沽。"

邓尉山的梅花长得好,苏州还流传这样一个传说:邓尉山下住着一位老人,他非常勤劳,一辈子以种梅为生。明代江南四大才子之一的唐寅为画一幅《烟雨春色图》,想寻找一些素材,专程从苏州城赶来光福镇。老人非常好客,听说来人是闻名四方的大画家唐寅,就把他请到家里来住,并热情招待。每天,老人还陪着唐寅山前山后地转悠,和唐寅聊聊当地的风情、种梅的甘苦。后来,唐寅临别的时候画了一幅梅花相赠。老人见这幅画上的梅枝疏密有致,布局合理,比山上自然生长的梅花好看多了,就按照画上的样子对梅花进行了修剪。当年冬天,梅花开得特别好。很快,有人得知老人藏有唐寅的画,想去抢夺,老人赶紧收拾几件衣服,带上唐寅的那幅画,远走他乡谋生去了。但是,修剪梅花的技术从此流传开来。山上山下种梅的人越来越多,梅花越种越好。邓尉山的梅花,招邀无数游客,久而久之,"邓尉探梅"成为苏州的岁时风俗,每至花开时节,访春探梅者络绎不绝。

邓尉山地处太湖流域,宋代就有"苏湖熟,天下足"的民谚。苏州商贾云集,人文荟萃,加之吴地"俗多奢少俭,竞节物,好游遨",大大增加了苏州山水的旅游人气。光福镇依山傍湖,既有山川之利,又有渔泽之便。梅花因山水而增色,山水因梅花而生辉。邓尉山的梅花大出风头是在清康

熙年间，康熙南巡三次到香雪海探梅。

清康熙二十八年（1689年）春，康熙皇帝南巡观梅，赋诗曰："邓尉知名久，看梅及早春。岂因耽胜赏，本是重时巡。野霭朝来散，山容雨后新。缤纷开万树，相对惬佳辰。"康熙三十五年（1696年）江苏巡抚宋荦来到邓尉山游览，闻到梅花的香味，看到花枝纷披，一片银白，如大雪铺地，无边无垠，不禁雅兴勃发，欣然命笔，在吾家山梅花亭前的崖壁上题书"香雪海"三个字（图3-2），镌于石壁，其字铁画银钩，如老梅的枝条，苍劲古朴。"香雪海"三个字与名茶"碧螺春"三个字一样具有强烈的艺术感染力，以至于邓尉山声名大噪。这位后来官至吏部尚书加太子少师的官员，写下了《雨中元墓探梅》："探梅冒雨兴还生，石迳铿然杖有声。云影花光乍吞吐，松涛岩溜互喧争。韵宜禅榻闲中领，幽爱园扉破处行。望去茫茫香雪海，吾家山畔好题名。"

图3-2　[清]宋荦题字"香雪海"

乾隆十五年（1750年），清兵西征，初步平定了金川之乱，政局稍稳。乾隆皇帝一向喜欢出游，他身旁的大臣和珅善于察言观色，百般奉承。和珅在乾隆皇帝面前夸口说江南山川风光极美，怂恿乾隆皇帝南巡。乾十六年（1751年）春，乾隆皇帝来苏州时，听得香雪海之梅正值花时，于是一行人来到邓尉山，只见漫山遍野的梅花"芬香蓊勃，落英缤纷"，进入梅林，不禁叹为观止。乾隆皇帝素喜附庸风雅，当此胜景，题笔作诗《邓尉香雪海歌》，从而使香雪海在江南梅苑中独领风骚。

六次南巡，乾隆皇帝每次都到邓尉山，流连圣恩寺。民间传说，他在圣恩寺里真的找到了陈阁老——清代文渊阁大学士陈元龙。话说，乾隆皇帝第一次南巡驻跸圣恩寺，传旨中午要吃一百零九样菜，令当家住持十分为难。寺中有位云游僧人空山和尚听说此事，连忙安慰道："请当家住持放心，老僧自有办法，你只管迎驾就是。"

原来，空山和尚就是陈阁老。他自从离开京城后，便回到浙江海宁老家，后又出家云游江南山川名刹。听说皇上要来圣恩寺，他心里又惊又喜。

空山和尚吩咐小和尚到镇上买来了鲜嫩的韭菜，亲自下厨做了一道美味可口的百叶炒韭菜。乾隆皇帝对这道百叶炒韭菜赞赏有加，问明详情后，传旨召见空山和尚。空山和尚悲喜交加，竟然忘了施君臣之礼。乾隆皇帝问道："大和尚为何不来迎驾？如何知道朕喜欢吃百叶炒韭菜？你是何方人氏？何时来此？"空山和尚十分紧张，支吾了几句，便匆匆离去。

从此，乾隆皇帝每次南巡都要到圣恩寺，以探梅为理由，想再次品尝那道百叶炒韭菜，但一直未能如愿。传说归传说，但是这也给邓尉山增添了许多神秘的色彩。

二、司徒庙"清""奇""古""怪"

香雪海赏梅之余，还可以到司徒庙里走走，那里另有一道风景。虽说不能与遍地梅花的香雪海相媲美，也可使人平添不少雅趣。

司徒庙是为纪念东汉开国元勋邓禹而修建的。邓禹自幼机敏好学，十三岁时即能诵诗。在长安学习期间，邓禹结识了正在京城拜师的刘秀。二人一见如故，相谈甚欢，随后结为知己。刘秀年长邓禹几岁，正值风华正茂之时。王莽政权被风起云涌的起义军推翻后,长安一片混乱。为避战乱,邓禹回到家乡。新市、平林等起义军的将领立汉室后裔刘玄为帝,定都洛阳,有人知道邓禹颇有才学,举荐他到朝中做官。邓禹认定刘玄不足以成大器,因此拒辞不出。后来,刘秀逃出朝中权臣的监视,以代大司马之职持节经略河北。邓禹知道后,背着干粮,徒步北上追赶刘秀。到了邺城(今河北省临漳县),邓禹赶上了刘秀,提出"延揽英雄,务悦民心,立高祖之业,救万民之命"的方略。刘秀听后,颇为高兴。这进一步加深了邓禹与刘秀的交情。自此之后,刘秀都对邓禹深信不疑,即使邓禹打了败仗,刘秀也不加深究。邓禹对刘秀则是忠贞不渝,誓死效力。邓禹向刘秀举荐的人才,无不任用。邓禹成了刘秀建立东汉政权可靠的支柱之一。邓禹晚年时曾在光福镇隐居,因为他曾任司徒、太尉之职,南征北战,屡建奇功,所以后人就把他住过的地方称为"司徒庙",把附近的山称作"邓尉山"了。

在司徒庙的庭院中有四株古柏,传说是邓禹亲手种下的,距今已有1 900多年了。它们老而不朽,被誉为"活化石"。这四株古柏,分别叫"清""奇""古""怪"(图3-3),成为光福镇的一处奇景。

图3-3 "清""奇""古""怪"四株古柏

相传，清代乾隆皇帝下江南巡视来此，被这四株古柏吸引，叹为观止，分别赐名"清""奇""古""怪"。"清"者，主干粗壮挺拔，直耸云天，体态稳健，枝叶苍翠，英姿飒爽，给人挺俊清朗、富有朝气的感觉。"奇"者，主干似被腰斩后断成两爿，一爿垂倒在地后又郁郁葱葱，另一爿在离它几米远的地方钻进地里又重新伸出新枝，长成一棵新的古柏，真是新枝出于枯木，颇有枯木逢春之趣。"古"者，少皮秃顶，古朴苍劲，姿态肃穆，纹理紫纡似百索绕躯盘旋而上，又如蛟龙盘绕在身，给人以粗犷憨厚之感。"怪"者，不知何年何月被雷劈成两爿。一爿远离母体，落地生根，卧地三曲，形似笔架，又似走地蛟龙；另一爿却似悬空吊篮，就地卧倒，似昂首蛟龙，欲腾空飞起，实谓怪者！"清""奇""古""怪"四株古柏尽管遭受千百年的磨劫，疮疤累累，却依然郁郁苍苍，四季常青，展现出一副百折不挠的气概。那种坚韧不拔、威武不屈的个性，给人以奋发抗争之感。"奇""怪"这两株古柏，其中"奇"柏的树心已完全空了，而"怪"柏的两根枝干被雷劈开落地后相距二十多米，却都没有死，它们鼓励着每一位参观者要对生活充满信心和希望。无数文人墨客咏诵赞叹古柏之词，不一而足。清代诗人孙原湘的《司徒庙古柏》诗云："司徒庙中柏四株，但有骨干无皮肤。一株参天鹤立孤，倔强不用旁枝扶。一株卧地龙垂胡，翠叶却在苍苔铺。一空其腹如剖瓠，生气欲尽神不枯。其一横裂纹紫纡，瘦蛟势欲腾天衢。"

这四株古柏的形状和名字其实都有着自己的故事。传说，这四株古柏长至约一千年时，已经硕大的枝干全都遭遇了雷击，除了一株尚挺立着粗大而半枯朽的身躯之外，其余三株均匍匐在地。就在人们都遗憾邓禹种的古柏从此消亡时，它们却奇迹般地活了下来，当地居民就把它们合称"稀奇古怪"。后来到了清朝，乾隆皇帝下江南时见到这四棵古柏，觉得"稀奇古怪"这个名字太俗，配不上这四株古柏，于是就改成了"清奇古怪"。

令乾隆皇帝为古柏改名的真正原因是，他见"清"柏虽被雷劈，却丝毫未受影响，仍旧直耸云天，枝叶苍翠，活了一千多年，他也希望清朝能像这株古柏一样延续千年，便为其取名"清"。不过"清"柏依旧在，清朝却早已灭亡。

"奇"柏的主干被雷劈断了，与地面呈45度角斜立着，树皮裂开露出里面空荡荡的树腹，空间之大，可容一人站立。如果说"古"柏是被一层树皮包裹着，"奇"柏最多就只能算是被半层树皮包裹着，但就是这样，"奇"柏仍旧郁郁葱葱地活了上千年。而它断开的部分在离它几米远的地方，钻进地里又重新伸出新枝，长成了一株新的古柏。

"古"柏的"古"字既有古老之意，又有古怪之说。整株"古"柏看上去枝叶繁茂，古朴苍劲，似乎也没怎么受到雷击的影响，仔细一看，却发现树干居然是呈螺旋状生长的，难怪好多读者笑着说它就像是被龙卷风"卷"过似的。在光福镇的民间传说中，这株"古"柏是邓禹栽种的盆景，而专家看过后，却发现了一个以前大家不知道的秘密——这株"古"柏的内部是空心的，只剩下外面这一层树皮了。

这四株古柏中最让人惊叹的就是"怪"柏了。这株"怪"柏也是四株古柏中"受伤"最严重的，被雷劈成两爿后，一爿远离母体，另一爿就地卧倒。按说有着这样的"伤情"，这株"怪"柏怎么也活不了了，但生命的奇迹总是令人赞叹。专家考证说，这株"怪"柏在被雷劈中，一爿飞到二十几米开外后，与地面接触的部分生出了许多细小的须根，维持了生长，被当地居民称作"落地生根"；而原地倒下的一爿也生根发芽，被称作"卧地生根"。

如今苏州太湖区域内已形成近万亩的"梅海""雪海"。每年三月间，惊蛰前后，就是探梅的最佳时节。四方游客络绎而至，光福镇香雪海的林间花下，游人流连忘返。现在依托独特的梅林资源，一年一度的"太湖梅花节"正逐渐成为苏州的知名旅游品牌，每年的探梅活动吸引中外游客数十万人次。苏州"太湖梅花节"现在已经是苏州人的一个盛会，中外游客俨然成了赏梅的主角，踏春探梅已成为苏州人每年新春期盼的一件乐事了。

吃一块梅花糕，喝一碗梅花粥，在梅花丛中合影留念，在梅树上系"一帆风顺""喜上梅梢"等吉祥的红丝带，祈求美好的未来，已成为环太湖地区特有的民俗风情。

我们了解了香雪海探梅的习俗和邓尉山、司徒庙的历史，你一定想要亲自去那里看一看吧！

第二节 南浩街"轧神仙"

农历四月十四,正是苏州南浩街最热闹的时候,传说这天是八仙之一的吕洞宾的寿辰。每逢这一天,他就会化作乞丐来到苏州南浩街,体察民情。于是,南浩街的"轧神仙"(图3-4)热闹开场。本节我们一起探讨苏州"轧神仙"的来历,听一听关于吕洞宾的神话故事,了解"轧神仙"的民俗。

图3-4 "轧神仙"

"轧神仙"是苏州阊门流传下来的特有的敬神节日。"轧"这个字在苏州日常生活中经常出现,相当于"人多拥挤"的意思。到了"轧神仙"这一天,可不就是,你"轧"我,我"轧"你,大家一起"轧闹猛"。"轧神仙"庙会起源于南宋,历经元、明两代,到清代尤为兴盛。

一、吕洞宾与"轧神仙"

自宋朝以来,传说道教八仙中的吕洞宾每年在寿辰那天——农历四月十四,都会乔装打扮成乞丐,来到人间为百姓治病消灾。吕洞宾发誓要救济天下众生，方始升天。吕洞宾姓吕名岩，字洞宾，道号"纯阳子"，号称"吕祖"。他不仅浪迹人间，乐为百姓治病解难，灭妖除害，而且为人随和，性格开朗，是世人心目中见义勇为的神仙。因此，在他寿辰前后三天，人们都要到神仙庙去祭拜，希望能"轧"到吕洞宾，沾沾仙气，撞到好运。因为前去祭拜的人络绎不绝，"轧来轧去"很热闹。后来，这个民间宗教活动逐渐演变成一个大型庙会。"轧神仙"是苏州民间最大的庙会。中国地域不同，各地敬的神仙也不同，福建人敬妈祖，广东人敬关公，苏州人敬吕洞宾，即八仙中的一仙——吕纯阳。吕纯阳在八仙中是核心人物，在江南民间几乎家喻户晓，传说颇多，如"吕纯阳卖汤团"。相传，吕纯阳曾来到苏州城下塘街彩虹桥上来点化世人。有一日，他化身为一位老者走街串巷卖汤团，口里喊："三个铜钿买一只小汤团，一个铜钿买三只大汤团。"买主都要买又便宜又大的大汤团，没人肯买小汤团。老者问买主："买给谁吃呀？"问来问去，只有父母买给子女吃的，没有子女买给父母吃的。卖到天黑，大汤团全卖光了，小汤团却没人买。老者有些气伤，把小汤团往河里倒去。河边一棵柳树看见后，伸出枝条把小汤团按住，一下子吞进肚里。原来这小汤团是吕祖炼的金丹，柳树将小汤团吃下去后就成了仙，它就是神仙庙里供奉在吕祖像左边的柳大仙。

还有"拾菱壳"的传说，讲的是神仙庙里某一代的祖师爷。有一天，老法师到外面做法事回来，在山门口看见一个叫花子睡在地上，身边放着一堆水红菱。叫花子一边吃，一边招呼老法师："老人家回来了？"老法师应了一声，刚要往里走，叫花子伸出一只脏兮兮的手，拿着一只鲜红白嫩的水红菱对老法师说："吃一只水红菱吧！"老法师嫌弃地说："不吃，不吃！"便走了进去。走到里面，老法师忽然灵机一动，自言自语道："不对，不对！刚到四月呢，哪里会有水红菱呢？"老法师连忙跑出去一看，叫花子不见了，只见地上留下几个菱壳。老法师叹了一口气，又走进去了。走到大殿门口，老法师又灵机一动："假使真是仙人，拾到几个菱壳也好啊！"

他急忙转身,到山门去寻,哪晓得连菱壳也不见了。老法师这才恍然大悟,他一定是遇到了仙人吕洞宾。

"虹桥遇仙"的传说讲述的也是吕洞宾的故事。有一日,虹桥上躺着一个叫花子,他的身底下铺着稻柴,头底下枕着两只破钵头,别人看见了,笑他是个痴人。一位秀才走过桥面,看见叫花子很稀奇,他想:今天赶巧是农历四月十四"轧神仙"的日子,这个叫花子枕着两只破钵头,不会是吕洞宾变的吧?便过去问道:"喂,吕师父!是否知道我的前程?"叫花子一翻身坐起来,对秀才说:"我好好地在睡觉,你个末代状元偏要吵醒我。"说完,人就不见了。这个秀才后来果然中了状元,他就是清朝的苏州末代状元陆润庠。当时,跟在秀才后面走的是苏州杜三珍肉店的老板,听见秀才讲叫花子是吕洞宾,就连忙把他睡过的稻柴一抱,拿去烧酱汁肉了,所以苏州杜三珍的酱汁肉特别出名。走在杜老板后面的是苏州沐泰山堂的老板,他连忙把那两只破钵头拎去,拿来泡药,所以后来苏州沐泰山堂的痧药顶顶灵,许是沾了"仙气"的缘故。

苏州民间流传着许多家喻户晓的"轧神仙"的传说,这些传说不仅成了年深日久的民俗活动的素材,而且增加了节日的神秘色彩。

吕洞宾与苏州的关系,还有一个古老的传说。在苏州的老字号沐泰山堂,一天药店里来了个老叟抱着一个小孩来买药。当时,老叟把孩子放在了柜台上,结果小孩在柜台上拉了大便。当时,店小二有些不高兴,言语间有些责备这位老叟。药店老板却说,无妨。老叟走后,店小二和药店老板清理大便的时候,忽然闻到阵阵香味。后来有人说,那位老叟就是吕洞宾,他抱着的小孩就是他手里的葫芦,而留下的大便其实就是葫芦里的灵丹妙药。此后,老百姓都慕名而来。

"轧神仙"这个传承了八百多年的习俗,还流传着一个奇特的传说。相传,在苏州的皋桥巷中,有一家剃头店,店家乐善好施,穷人来剃头从不收钱,因此得罪了富人,富人不去该店剃头,这家店只落得个富人不登门、穷人不付钱的窘境。该店生意每况愈下，入不敷出。这日店内来了一位童颜鹤发的老者，店家连忙让座，老者见店堂内挂着剃头祖师的画像，二话不说，让店家笔墨侍候。因穷困潦倒，店家翻了半天，才翻出一支脱毛的"破笔"。只见老者拿起"破笔"饱蘸墨汁，"刷刷刷"几下，就给画像加上了"胡须"，店家想拦已经来不及了，老者画完扬长而去。店家见祖师爷长了胡须，哭笑不得，但看着看着，他傻了眼，只见画上的胡须随风飘舞。这件奇事不胫而走。从此，剃头店顾客盈门，生意兴隆。后来人们猜测，来的老者是神仙吕洞宾，因此苏州人对他特别虔敬，以其诞生日——农历四月十四作为祭拜他的日子，一连三天，万人空巷，人们聚集在吕洞宾显身之地——皋桥巷，都想碰碰运气，看能否"轧"到神仙。虽然至今不知有没有人"轧"到，但此后，苏州年年风调雨顺，百姓安居乐业。

二、"轧神仙"与神仙庙

每年农历四月十四，苏州人"轧神仙"的民俗一直延续至今。现在，苏州将"轧神仙"活动迁至阊门南浩街进行。南浩街有错落有致的仿古建筑、巧夺天工的手工艺作品、蕴含丰厚文化积淀的南浩街十八景。原来阊门内下塘街有座福济观，这座观规模宏大，占地不小。大殿正中央供奉的是吕洞宾的塑像：他身背葫芦，三绺清须，眉清目秀，飘飘然，一副超凡脱俗的风姿。吕洞宾借铁拐李的葫芦法器，为众生治病消灾。福济观建于南宋淳熙年间（1174—1189年），但因年代久远，早已不复存在。由于原来观中供奉八仙之一的吕洞宾被中医奉为祖师，观中道士就借吕洞宾的名义为百姓祈福祛病，于是常有贫困的百姓前去求治。这福济观在苏州百姓之中也就多了"吕祖庙""神仙庙"的叫法。一些虔诚的信众也会相约去福济观进香祈福，如今的福济观移建至南浩街中段，又称"神仙庙"，其外观粉墙黛瓦，四周饰有狮子、护神像等，形态逼真。神仙庙共有三进，头进为正山门，东侧供奉慈航，西侧供奉财神。过庭院为正殿吕祖殿，吕洞宾神像居中，既威严肃穆，又慈爱可亲。殿脊筑以鱼龙吻，南面书"风调雨顺"，北面书"国泰民安"。殿后二层楼为附房。神仙庙虽不算大，但建筑雄伟，再现了昔日景象。

农历四月十四这一天，恰逢吕洞宾的诞辰，苏州人认为他自是要下凡的，其他七仙也要来祝寿。他们乘此华诞之际，还要测试一下人心的善恶。因此，神仙庙的香火之盛实属罕见，好多进香的人占着蒲团不肯站起，除了企求上仙赐福给自己外，还企求能福佑子孙后代。苏州人天性温和，也不乏幽默，加上前来祭祀的人都是乡里乡亲，即使被挤了，也不过一笑了之，再说这一天又是神仙的寿辰，也就打趣说"就当是被神仙轧到了"，讨个口彩。

俗话说，"八仙过海，各显神通"。而这八仙的神通，还须借助他们各自的宝物方能彰显。相传，八仙所持的宝物依次为：铁拐李持的葫芦，汉钟离持的扇子，张果老持的渔鼓，吕洞宾持的纯阳剑，何仙姑持的荷花，曹国舅持的笏板，蓝采和持的花篮，韩湘子持的笛箫。其中，李铁拐所持的宝物葫芦，可救济众生，且"葫芦岂止存五福"。汉钟离所持的宝物扇子，能起死回生，且"轻摇小扇乐陶然"。张果老所持的宝物渔鼓，能占卜人生，且"渔鼓频敲有梵音"。吕洞宾所持的宝物纯阳剑，可镇邪驱魔，且"剑现灵光魑魅惊"。何仙姑所持的宝物荷花，能修身养性，且"手执荷花不染尘"。曹国舅所持的宝物笏板，可澄清环境，且"玉板和声万籁清"。蓝采和所持的宝物花篮，能广通神明，且"花篮内蓄无凡品"。韩湘子所持的宝物笛箫，能使万物滋生，且"紫箫吹度千波静"。

自2005年起，"轧神仙"成为一年一度的盛大庙会。届时，神仙庙附近小摊林立，各色小吃、工艺品、花鸟虫鱼，应有尽有。苏州市金阊区政府为了弘扬民族文化，营造商业氛围，重建了南浩街，新建了神仙庙，请进了"八大神仙"，并把原先庙中吕洞宾独享的香火，也让众仙共同享用了。目前，南浩街已成为苏州传统风味小吃、民间工艺品、日用小商品及花鸟鱼虫、古玩绣品等"苏"味极浓的市井文化集萃地，承载了历代苏州的民间传说和历史故事的南浩街十八景吸引了众多的中外游客，成为苏州旅游的新热点。

相传，农历四月十四是吕洞宾的寿辰，前去神仙庙进香祈福的人源源不断，看到去神仙庙的人多了，小贩也想借机做些生意。因见庙里供着神仙，他们就想靠着神仙发点小财，于是就将平日里售卖的日常货品，说成是神仙糕、神仙花、神仙水、神仙帽、神仙服、神仙鞋、神仙草……"轧神仙"距今已有八百多年的历史，而"轧神仙"活动已被列入国家级非物质文化遗产代表性项目名录。

现在政府还在每年的农历四月十四前后，以"民俗文化节"为主题，举办神仙庙会，小商小贩设立各色小吃、工艺品、花鸟虫鱼等临时摊点，努力打造"轧神仙"这个具有苏州地方特色的、文化消费的旅游品牌，吸引不少市民参与。自然神仙庙里的香火也旺盛了许多，怎么说对吕洞宾也是个安慰，但这与道家的清静无为也有些不符，这位吕洞宾又会有哪些想法就不得而知了。

每逢"轧神仙"，神仙庙附近摊肆林立，出售花草树苗的颇多，不少花草带有吉利的名称，如万年青、吉祥草、神仙花、龙爪芬等。过去，在吕洞宾仙诞前夕，剪"千年运"老叶弃掷在门口，让各路来庆寿的仙人踏过，可沾仙气，嘴里要说"恶运去，好运来"。在庙中买上新绿植放在家中，说是可以交好运。造屋者把龙爪芬放在梁上，以为吉兆。各种手工艺品、小孩玩具，也无不笼罩着神秘的色彩。绿毛乌龟，象征延年益寿；金钱乌龟，又称"神仙乌龟"；烂泥老爷，象征如意发财；喝的一杯茶，称"神仙茶"；剃的头，称"神仙头"。无一物不以神仙命名。现在"轧神仙"活动中，也有苏州传统的各种民间表演、风味小吃、特色工艺等，人们一一将它们拿出来交流分享，场面十分热闹欢腾。

过来"轧神仙"的人几乎都不用打听，就可以熟门熟路地买到自己想要的小玩意，因为神仙花、神仙水、神仙服这些东西是绝对少不了的。那时，整条街上所有的东西都沾了仙气，一概冠以"神仙"字样。

第三节　端午节赛龙舟

农历五月初五，苏州的龙舟赛热闹开场。苏州的端午节是为了纪念苏州城的兴建者伍子胥。本节我们一起听一听关于伍子胥的故事，看一看胥江热闹的龙舟赛，了解苏州当地端午节的风俗习惯。

中国的端午节是农历五月初五，又称"端五"，"端"就有"初"的意思。端午节的起源影响最广的就是纪念战国时期楚国的三闾大夫屈原，端午节的龙舟表演和吃粽子是因为屈原投汨罗江后，当地人对屈原的死十分悲痛，便驾舟奋力营救，后来就演绎为龙舟竞渡。还有人把箬叶包饭扔到江中祭奠屈原，箬叶包饭外缠彩绳，就是现在的端午节粽子（图3-5）。

图3-5　端午节粽子

一、端午节与伍子胥

苏州流传的划龙舟、包粽子这些习俗源于纪念"相土尝水，象天法地，造筑大城"的伍子胥（图3-6）。这与伍子胥过昭关一夜白头的故事有关。

图 3-6　伍子胥石像

伍子胥，又名伍员，原是楚国人，后逃到吴国。伍子胥的父亲伍奢是楚平王的嫡长子太子建的太傅，太子建被奸人诬陷，伍奢也受到了牵连。伍奢被囚时，楚平王要伍子胥与其兄伍尚前往营救，否则便杀了他们的父亲。伍子胥料到楚平王欲杀其父，劝其兄伍尚勿往，留有用之身为父报仇，但伍尚不忍见父亲被害而不救，还是前去相救，果然不久就和伍奢一起被杀了。此时，伍子胥欲逃往吴国，奈何路途遥远，只好作罢。之后，伍子胥因太子建在宋国，遂投靠了他，但宋国内乱，伍子胥只好与太子建一起逃往郑国。在郑国，太子建和晋国君主合谋，欲偷袭郑国，却被郑国君主知晓，太子建被杀。最后，伍子胥只好逃往吴国。

伍子胥携太子建之子公子胜逃奔吴国，被楚兵一路追杀。伍子胥与公子胜二人辗转到了离昭关六十里①的一座小山下，从这里出了昭关，便是大河，可以径直通往吴国了。然而，此关被右司马远越领兵把守，很难过关。东皋公②就住在山中，他从悬赏令上的画像中认出了伍子胥，很同情伍子胥的冤屈与遭遇，决定帮助他。东皋公把二人带进自己的居所，用心

---

① 一里约 500 米，下同。
② 东皋公是明末小说家冯梦龙的历史演义小说《东周列国志》中的人物，书中东皋公介绍自己是扁鹊的弟子，但扁鹊生于公元前 407 年，其真假有待稽考。

招待，一连七日，闭口不谈过关之事。伍子胥实在熬不住了，急切地对东皋公说："我有大仇要报，度日如年，这几天耽搁在此，就好像死去一样，先生有什么办法过关呢？"东皋公说："我已经为你们筹划了可行的计策，只是要等一个人来才行。"伍子胥犹豫不决，晚上寝不能寐，他想告别东皋公而去，又担心过不了关，反而惹祸；但若是不走，不知还要等多久。他在床上翻来覆去，如芒刺在背，卧而复起，绕屋而转，不觉挨到天亮。东皋公一见他，大惊道："你怎么一夜之间，头发全白了？"伍子胥一照镜子，果然白了头，不由暗暗叫苦。东皋公反而大笑道："我的计策成了！几日前，我已派人邀请我的朋友皇甫讷来，他跟你长得有几分相像，我想让他与你互换身份，以便你蒙混过关。你今天头发白了，不用化妆，别人也认不出你来，就更容易过关了。"

当天，皇甫讷如期而至。东皋公把皇甫讷扮成伍子胥的模样，而伍子胥和公子胜装扮成仆人，四人一路前往昭关。守关的官吏远远看见皇甫讷，以为是伍子胥来了，传令所有官兵全力缉拿他。伍子胥与公子胜二人趁乱过了昭关，待官兵最后追拿到皇甫讷时，才发现抓错了人。官兵都认识皇甫讷，东皋公又与守关长官远越要好，于是，此事便安然过去了。

还有"剑赠渔夫"的传说。伍子胥被楚国兵马一路追赶，慌不择路，逃到长江边。只见浩荡的江水，波涛万顷，前有大水，后有追兵，正在焦急万分之时，伍子胥发现江水上游有一条小船急速驶来，船上渔翁连声唤他上船。伍子胥上船后，小船迅速驶入芦花荡中，不见踪影，岸上追兵悻悻而去。渔翁将伍子胥载到岸边，为伍子胥取来酒食，让其饱餐一顿，伍子胥千恩万谢。

伍子胥问渔翁姓名，渔翁笑言自己浪迹波涛，知其名有何用，只称"渔丈人"即可。伍子胥拜谢辞行，走了几步，心有顾虑，又转身折回，从腰间解下祖传三世的宝剑——七星龙渊剑，欲将此价值千金的宝剑赠给渔翁以致谢，并嘱托渔翁千万不要泄露自己的行踪。渔翁接过七星龙渊剑，仰天长叹,对伍子胥说道:"我搭救你,只因为你是国家忠良,我并不图报,而今你仍然疑我贪利少信,我只好以此剑示高洁。"说完,渔翁横剑自刎,伍子胥悲悔莫名。

伍子胥到达吴国后,颇受吴王阖闾信任,兴建了规模宏大的"阖闾大城",开凿了我国最早的运河,推荐了大军事家孙武,使吴国很快强盛起来。公元前514年,伍子胥奉吴王阖闾之命,"相土尝水,象天法地",建造阖闾大城,即今天的苏州古城。提起苏州这座古城,还有一段伍子胥造城的故事。当时,吴王阖闾为了与楚国争霸,广招人才,任用贤能。吴王阖闾看到伍子胥是个能文善武、有勇有谋的人,便以礼相待,加以重用,和他一起共谋国政。有一次,吴王阖闾召见伍子胥,向他请教富国强兵之策。伍子胥想了一下,说:"蒙大王器重,恕我直言。吴国地处东面,三面受敌,又有江海之患,一旦强敌入侵,于吴国十分不利。""那怎么做才好呢?"吴王阖闾焦急地问。伍子胥说:"梅里,城池过小,周围仅三百零三步。强敌一旦入侵,岂能抵御?只有兴建一座大城,驻兵屯粮,方能永葆千秋大业!"吴王阖闾听了,连连点头称是,便命伍子胥监造这座大城。那时候,要想造一座大城谈何容易!相传,伍子胥请来了不少识天文地理的人,用了三年时间,圈了四十多里地,又招募了成千上万的民工,选定了吉日。一切准备停当,刚刚破土动工,老天便刮起狂风,下起暴雨。一连几天,天昏地暗,水流如注,满地都是积水。这一天,伍子胥正在发愁,忽见造城的监官浑身淋得像个落汤鸡,跑来报告:"禀报大人,大事不好,有八个地方的城基,被水冲开了口子;城里的古井,也日夜不停地冒水,民工和百姓都忙着逃命去了!"伍子胥跑出来一看,只见天空中乌云翻滚,一条孽龙在云中忽隐忽现,嘴里不停地喷水。原来,伍子胥建造的苏州城,挑选的是一块龙穴宝地,刚破土动工,就惊动了海龙王。海龙王派出了一条孽龙来兴风作浪,要叫这座城造不起来。伍子胥双目怒张,须发竖起,抽出身上的宝剑,震天动地大喝一声,和孽龙展开了一场恶斗。伍子胥凭借一身好本领，终于刺中了孽龙的眼睛。孽龙翻滚了几下，从天上掉到地上，昏死过去。伍子胥怕它醒来还要作孽，就随手把它斩成几段。从此，这条孽龙就卧在城中再也爬不起来了。伍子胥斩了孽龙后，又命民工造了八个陆城门，"以象天之八风"；造了八个水城门，"以法地之八卦"。城外有护城河，内有护城壕；城墙是用泥夯实的，坚固无比。伍子胥还命人在西城门外挖了一条大河，直通太湖；还开凿了运粮的"百尺渎"，通向长江。从此，这块龙穴宝地被镇住了，苏州再也没有水患了。这座城到底有多大呢？据说，苏州城周围有四十七里二百一十步二尺，城外廓有六十八里六十步。这样的规模当时在长江流域是数一数二的。吴王阖闾心中十分高兴，给它取名为"阖闾大城"。从此以后，吴国逐渐强大起来。

吴王阖闾死后，他的儿子夫差继位。夫差当政时，任用佞臣，沉溺酒色，伍子胥几次进谏，他都不听。有一次，夫差和西施正在玩乐，白发苍苍的伍子胥又来劝谏，夫差恼羞成怒，丢给他一把属镂剑，逼他自尽。伍子胥气得浑身颤抖，悲愤地说："我死后，请把我的头颅挂在城门口。我要亲眼看看越军是怎样打进城来的，否则，我死不瞑目！"据说，伍子胥自刎后，他的头颅就悬挂在西面的城门上。不久，越王勾践果然率领大军兵临城下。相传，在那一天，伍子胥的头颅突然胀得像车轮一样大，两眼发出刺人的光芒，须发怒张，威风凛凛，吓得越军不敢前进。越军只好改道从东门（今葑门）进城。后人为了纪念伍子胥，在太湖边上造了一座胥王庙。

据说，伍子胥死后还被夫差让人用牛皮袋装着投入江中。伍子胥死后，吴国就逐渐衰亡了，苏州的百姓都很怀念他。人们在胥门城内及东山镇杨湾古村等处也建庙修祠（图3-7），香火不绝。由于伍子胥是在农历五月初五被投入江中的，所以苏州人在那天会纪念伍子胥，故有"五月五日，时迎伍君。逆涛而上，为水所淹"的说法。苏州的百姓不但为伍子胥立祠，还以龙舟竞渡的方式纪念他。如果照此推算，吴地端午龙舟竞渡的历史比祭祀屈原早了两百多年。

图 3-7 伍相祠

二、端午节的习俗

(一) 端午节赛龙舟习俗

俗话说："五月五，龙船鼓。"古代苏州的龙舟很有讲究，龙舟四角枋柱，插遍各色彩旗，中舱设有吹鼓手，划船时鼓号连天，声势很大。船两旁有十六人划桨，称作"划手"。篙师手执长钩立于船头，称作"挡头篙"。船上建有一个小亭子，上面站着一个活泼可爱的小男孩，稍作打扮，称作"龙头太子"。船尾上面系满各色彩绳，随风飘荡，令人眼花缭乱，还有不同人物所做的戏曲里的扮相，如"独占鳌头""童子拜观音""指日高升""杨妃春睡"等。船舵大多是刀式的，执舵的人称作"挡舵"。

苏州阊、胥两门及南濠、北濠、西津桥一带的西路水滨和山塘一带都是赛龙舟十分热闹的地方。赛龙舟的场面自然极为热闹有趣，河中各式龙舟灿如织锦，画楫如鳞，水如溅珠，金鼓之声与水声相激，喧声震天，你追我赶，各显本领，互不相让，这种龙腾虎跃的热闹场面，如身临其境，一定会让你热血沸腾、跃跃欲试。龙舟上,鼓乐大作,划手以整齐划一的动作拼命划桨,两岸鞭炮齐鸣,河边观者如云。沿岸早早就搭建起凉棚,以供官宦、富绅观看,优胜者到达终点时可获得锦标奖赏。

中国的端午习俗距今已有两千五百多年的历史,苏州古城的端午龙舟竞渡延续至今,保留了一定的特点。现在每年的农历五月初五,胥门城墙下,在苏州人为纪念伍子胥而命名的胥江上,彩旗飘扬,龙舟待发,吸引众多苏州的百姓摇旗呐喊,为健儿们加油鼓劲。逝者已去,追思慕远,古老的民俗能延续千年,令人感叹传统的魅力。近年来,苏州的太湖、金鸡湖等地纷纷举办赛龙舟活动,可以让人们重温端午龙舟竞渡之俗,增添雅兴。

(二)苏州端午节的习俗

端午节前后,天气转热,"百虫出,邪气盛"。特别是苏南一带,正值梅雨季节,空气潮湿,适于各种病原菌生长繁殖,传染病也易流行。很多毒蛇害虫都在农历五月繁殖活跃起来,给人的身体造成了一定的危害。农历五月有五毒,为了防御疾病,增强体质,到了端午之时,人们便要遍踏百草,采集药材。端午节前后,自古流传用艾叶、菖蒲挂在门上以避邪,或用艾叶、苍术、白芷、雄黄等中药混合在一起于室内庭院烟熏,或在墙壁角落潮湿的地方洒上石灰水,喷洒雄黄酒,等等。民间流传的这些传统习俗,表明自古以来人们就重视在端午节前后除害灭病,讲究卫生,而艾叶、菖蒲、苍术、白芷、雄黄等都具有杀菌灭虫的药理功效。在民间习俗中,端午节是草木一年中药性最强的日子,遍地皆药,这一天最适合炮制中药。在民间,一直有"端午节期间,百草为药"的说法,清代顾禄在《清嘉录》中介绍了苏州这一天"采百草"的习俗:士人采百草之可疗疾者,留以供药饵,俗称"草头方"。药市收癞蛤蟆,刺取其沫,谓之"蟾酥",为修合丹丸之用,率以万计。人家小儿女之未痘者,以水畜养癞蛤蟆五个或七个,俟其吐沫。过午,取水煎汤浴之,令痘疮稀。

苏州人每逢端午节都要在家门口挂上艾叶、菖蒲,通常将艾叶、菖蒲用红绳绑成一束,然后插在门上。很多人还要将这些有消毒作用的草药让孩子随身携带。古人用艾叶、菖蒲来去除各种毒害,是有科学依据的。艾叶、菖蒲中含有芳香油,所以可以杀虫。古人由于缺乏科学观念,因而在节日里一早便将艾叶、菖蒲扎成人形,悬挂在门前,用以辟邪,保持健康。

香囊又叫"香袋""香包""荷包",亦称"佩帏""容臭"。其制作和佩带的历史至少可以上溯到战国时期,如屈原的《离骚》中有"扈江离与辟芷兮,纫秋兰以为佩"。

端午节,依照苏州的风俗是要佩带香囊的(图3-8)。这一吴中风俗历来竞尚丽巧,旧时绣制香囊是一项极为重要的女红。每到端午节前夕,闺阁女子、媳妇、妯娌们就要早做准备,在自己做好的香囊上设计好新奇的文饰,再巧加刺绣,有十二生肖、狮子、双鱼、盘肠、花草、珍禽、瑞兽、蔬菜、瓜果等吉祥图案。香囊的形状有长方形、正方形,也有三角形、菱形、鸡心形、斗形、月牙形、扇面形等,上面绣有花、草、虫、鸟和罗汉钱等,款式极为精美,或用五色线弦扣成锁,做成各种不同形状,结成一串,形形色色,玲珑可爱。香囊多以棉布、丝绸为材料,工艺讲究,须裁剪、刺绣、挖补、粘贴、缠绕。闺阁中,女子们各展身手,各显本领,争奇斗巧,一旦完成,到时候就拿出来交流品评,互相馈赠。

图3-8 端午节佩带的香囊

以前端午节，每户人家会在早晨就给孩子手腕、脚腕、脖子处系上五色线。系线时，孩子不能开口说话。据说，戴五色线可以避蛇蝎类毒物的伤害，以保平安。这种风俗其实是自汉代以来民间端午缠五色线辟邪的沿袭，也是佩带香囊习俗的前身。

苏州的早晨，端午节临近的日子，买菜归家的主妇手中，常常会多一样用红绳扎成的艾叶、菖蒲，上面偶尔还会系上几个大蒜头。手提此物的市民，在端午前的农贸市场往来穿梭，构成了一道独特的风景。

苏州的老传统除了在门前悬挂艾叶、菖蒲之外，还会给孩子穿戴虎头鞋帽，在胸前挂上用丝绸等布料制作的各种五色香袋。苏州一些老字号药店，如王鸿翥堂、沐泰山堂等精心制作的端午香袋里配有特制的中药香料，淡淡的药草香气提神醒脑，其样式五花八门，有老虎头、南瓜娃娃、糖娃娃等，这也逐渐成为传统节令产品中的特色。当然包粽子又是端午节中最为显著的民俗，古代苏州人家家都要浸糯米、洗粽叶、包粽子，其花色品种更为繁多。如今，人们不用自己动手，商店里就有各式各样包装精美的粽子。当然，为了弘扬传统文化，有的社区也会组织包粽子比赛。

龙舟竞渡、吃粽子、插艾叶和菖蒲、饮雄黄酒、佩带香囊成为苏州端午节风俗的一道道亮丽的风景。

第四节　石湖赏串月

农历八月十八，苏州人喜欢去城南的石湖（图3-9）赏月，俗称"石湖赏串月"。谈及石湖，就不得不提到南宋诗人范成大，石湖孕育了范成大的才情，石湖在范成大的笔下也变得诗情画意。如果说《四时田园杂兴》是范成大田园诗的代表作品，那么石湖便是他萌发诗情的创作源泉。

图3-9　石湖

一、石湖赏串月的由来

"月到中秋分外明"，中秋之夜，人们都要吃月饼、赏明月。旧时，苏州人家每到日昏月升时就会在庭院中摆上香案，供以月饼、果栗等应时佳品，在香案中间置香斗，焚香其上，全家对月膜拜，称作"斋月宫"。这样的夜晚，妇女们往往三五成群，盛妆而出，嬉游于虎丘等地，称作"虎丘踏月"。虎丘千人石上彻夜笙歌，十分热闹。更有别具匠心者，精心制成月宫模型放在香案上，模型中的嫦娥、吴刚、桂树、白兔及杵臼、斧头等，精巧无比，平添三分赏月兴致。

中秋赏月后，转眼就到农历八月十八，这一天苏州人喜欢去城南的石湖赏串月。石湖坐落在上方山下，是太湖的一个内湾。相传，当年勾践率三万精兵攻至石湖，越军在越来溪东，筑城屯兵，称"越城"，与溪西吴城隔水相峙。当时的石湖成为两军对垒的沙场，也是姑苏城外的最后一道防线。可以想象当年的战争有多么惨烈。据说，那一次越王勾践大举攻吴，把吴都围困了三年，吴国长年征战，又逢自然灾害，国力凋敝，难以抗衡，最终覆灭。

后来，范蠡带着西施从这里泛舟入太湖。在许多人心目中，范蠡与西施是英雄与美女的典型。关于他们有一个美丽的传说。

公元前494年，越国攻打吴国，越国战败，被迫向吴国求和请降。为表示臣服，越王勾践在范蠡的陪同下到吴国为奴。在吴国，勾践老老实实地干苦力活，逐渐赢得了夫差的信任。

三年后，夫差赦免勾践、范蠡回国。回国后，勾践卧薪尝胆。下定决心要打败吴国，报仇雪耻。范蠡、文种等人出了不少主意，其中有发展经济、训练军队、增强国力等，还有一个主意是向夫差献美女，以消磨他的意志。范蠡到民间物色越国美女，西施和郑旦被选中送到吴国。夫差见到这两个绝色女子，非常高兴地说："越国献上的这两位女子是勾践尽忠我吴国的证明呀！"

夫差手下的大臣伍子胥进谏说："勾践献美女，想必是另有目的。大王一旦接受，必有后患。"夫差听不进忠言，执意收下了这两位美女。相传，范蠡曾与西施产生了感情，并私订了终身。越国于公元前473年打败了吴国，实现了复仇的目的。范蠡立了大功，被封为上将军，但是他急流勇退，毅然离开越国，带着恋人西施泛舟湖上，来到了理想的乐土，过上了幸福美满的生活。

范蠡与西施这样的结局，让喜欢大团圆结局的中国老百姓津津乐道，回味无穷。古往今来，范蠡和西施的故事已经成为中国人理想生活的代名词和文化符号,广为流传。在文学、戏剧中,关于西施题材的作品不可胜数。

石湖南面有条越来溪,溪上有座越城桥,越城桥的右边,有座九环洞桥,称为"行春桥"(图3-10)。苏州人有农历八月十七、十八夜游石湖的习俗,据说这两日每到满月时分,湖畔的行春桥九个环洞北边水面将出现九洞串月的奇景。这时,石湖湖畔的楞伽塔下皓月当空,九月成串,就像一幅极其美妙的山水画。此时此地,"秋光晴到水,山色净于天",日间遨游,山水余兴未尽,入夜依旧泛舟湖上。在皎洁的月光下,湖光山色,塔影画桥,风帆渔舟,风光旖旎,令人心驰神往。月光穿过石湖行春桥桥孔映入水中,也有说是月影穿过楞伽塔铁链环孔,九个环洞各映月影一轮于湖水之中,形成倒影"九月一串",如糖葫芦一般,在波心荡漾。这就是"石湖串月"的奇景。清代诗人蔡云曾有诗云:"行春桥畔画桡停,十里秋光红蓼汀。夜半潮生看串月,几人醉倚望湖亭。"寥寥几句,便道出了石湖赏串月的精妙之处。清代沈朝初也有《忆江南》一词:"苏州好,串月有长桥。桥面重重湖面阔,月光片片桂轮高,此夜爱吹箫。"这首诗充满了诗情画意,美在不言之中。难怪田园诗人范成大晚年辞官回乡要隐居石湖,并以"石湖居士"自称。

图3-10　越城桥与行春桥

上方山还有一个很有特色的风俗。相传，农历八月十七是"五通神"的诞辰，苏州一带的善男信女都要到上方山去烧香。明朝时期，这里香火极盛，到了夜间，更是热闹非凡。农历八月十七一早，四乡八里的烧香船都涌向石湖，船上载着各种会打拳弄武的高手，敲锣打鼓随着画舫穿过桥洞，还把钢叉从桥洞这边扔过桥面。钢叉越过看客的头顶，待船开到桥洞那边正好被高手接住，以此来显示其武艺的高强。这时，行春桥上人山人海，喝彩声四起。明代吴门画派文徵明曾为此景做过一幅《泛舟石湖》诗画卷。直到清康熙年间，苏州巡抚汤斌为了防止苏州人利用结社赛会图谋不轨，拆掉了五通神庙。但是农历八月十七去上方山烧香，观赏石湖串月的风俗依然流传至今。

石湖边的上方山，又名"楞伽山"，山上有楞伽寺，每年农历八月十八，香火极盛。山顶有塔，共七级，塔中有神龛，供五通神，据说它极其灵验。山之东麓有石湖书院，昔为士子弦诵之所，今已废弃。东南麓有普陀岩，岩内有石池、石梁等景，乾隆皇帝南巡，曾登过上方山，还留下"乾隆御道"的遗迹。从此，上方山更加声名远扬了。

除了行春桥之外，苏州还有一座桥梁史上的杰作——宝带桥。宝带桥共有 53 个孔，犹如"长虹卧波"，位于大运河和澹台湖交汇处。相传，在农历八月十八半夜，明月正中，照在湖上，每一个桥洞都会幻出一个月亮。水中的月亮，随波起伏，犹如一串明月。

二、石湖与范成大

提及石湖，就不得不提到南宋诗人范成大。范成大与石湖有着密切的联系，年少时他就居住在石湖湖畔，晚年又归隐于此。南宋绍兴十四年（1144 年），范成大遭遇家庭变故，寄居在昆山荐严寺，潜心苦读。绍兴二十四年（1154 年），范成大考中进士，步入仕途。他虽然在外为官，但心中始终有个石湖情结。乾道三年（1167 年），范成大在石湖边开始建造农圃堂。此后，范成大又陆续在湖边建造了梦渔轩，在行春桥南建了盟鸥亭，在石湖之南建造绮川亭，在石湖北面建造天镜阁，等等。范成大又在上方山麓建有玉雪坡、锦绣坡、此山堂、千岩观、说虎轩等。这些建筑俗称"石湖别墅"，后人将其称为"石湖旧隐"。别墅建成后，范成大邀请城内邻居来石湖游赏，并作《初约邻人至石湖》一诗：

> 窈窕崎岖学种园，此生丘壑是前缘。
> 隔篱日上浮天水，当户山横匝地烟。
> 春入莳田芦绽笋，雨倾沙岸竹垂鞭。
> 荒寒未办招君醉，且吸湖光当酒泉。

范成大作为田园诗人，他的诗清新淡雅，带有浓郁的乡土气息，被称作"石湖体"。如果说《四时田园杂兴》是他田园诗的代表作品，那么石湖便是他萌发诗情的创作源泉。其中有这样一首：

> 昼出耘田夜绩麻，村庄儿女各当家。
> 童孙未解供耕织，也傍桑阴学种瓜。

这首诗描写了农家白天在田里锄草，夜晚在家中搓麻，村中男男女女各有各的家务劳动。小孩子虽然不会耕田织布，但也在那桑树下学着种瓜。这首诗描绘了农村夏日生活中的一个场景。诗人用清新的笔调，对农村初夏时紧张的劳动气氛，做了较为细腻的描写，读来意趣横生。

范成大对故乡苏州有着浓厚的感情，他归隐田园后，营造石湖别墅，描绘山水风景，赋咏梅菊佳卉，尽显江南风韵和雅逸情趣。其组诗《四时田园杂兴》全面生动地反映了吴地农村的风土人情和农家劳动的生活情状，他被称作"中国古代田园诗的集大成者"。

当时的石湖别墅规模宏大，景色秀丽。淳熙八年（1181年），宋孝宗御书"石湖"二字钦赐，以示荣宠。范成大自此改号为"石湖居士"。淳熙十三年（1186年），南宋太子赵惇题赐"寿栎堂"（图3-11），范成大将两幅御笔分别勒书、制匾，并建"重奎堂"来纪念这份殊荣。

第三章　领略苏州民俗的独特魅力

图 3-11　寿栎堂

1953 年，苏绣艺术大师沈寿的丈夫、书法家余觉，在天镜阁旧址建造了一座别墅，名曰"余庄"，因亭、台、楼、阁、荷池一应俱全，又为石湖增添新的景点，这与范成大的旧居相互辉映、相得益彰，无疑为"石湖串月"抹上了浓重的文化色彩。

石湖旧隐开创了苏州士大夫在石湖之滨构筑别业的先河。范成大终身情系石湖，石湖也因范成大而扬名。淳熙十四年（1187年），吴县（今苏州）知县赵彦真重修石湖行春桥，范成大亲自撰文，评价道"凡游吴中而不至石湖，不登行春，则与未始游无异"，这与苏东坡之句"到苏州不游虎丘，乃憾事也"有异曲同工之妙。

第五节　天平山观红枫

天平山风景名胜区有"吴中第一山""江南胜境"之美誉。因山顶正平得名"天平山"。天平山以怪石、清泉、红枫"三绝"而闻名遐迩。天平山山麓有成片的枫林，它被称作"万丈红区"，于是苏州便有了"天平十月看红枫"的习俗。

一、天平山的红枫

唐代诗人杜牧有诗："停车坐爱枫林晚，霜叶红于二月花。"这样的情景光是想象，就已美不胜收，如果能到实地一饱眼福，相信每个人都会大呼绝美。作为我国四大赏枫胜地之一的天平山，山上的红枫（图3-12）有着"甲天下"的美誉。苏州天平山是与北京香山、南京栖霞山、长沙岳麓山齐名的四大赏枫胜地之一。天平山在苏州城西约十五千米处，以"三绝"——怪石、清泉、红枫闻名遐迩，是苏州著名的游览胜地之一。天平山山麓有枫树三百八十株，大多是数百年前的古物，高大挺拔。十月金秋时节，初霜后的枫叶呈现火焰般的红色，"颜色鲜明，夕阳在山，纵目一望，仿佛珊瑚灼海"。其中尤以三太师坟前的九株大枫，俗呼"九枝红"，最为奇丽。每当十月，秋高气爽，苏州人便结伴同游，专程前往观赏天平山红枫的盛景。

天平山风景名胜区是太湖风景名胜区的核心景区。天平山海拔两百余米，山势峻峭奇险，是北宋名臣范仲淹先祖归葬之地。相传，天平山乱石横生，势如五虎扑羊、乱箭穿胸，不宜作为坟地，范仲淹却自择绝地，葬先祖于此。范坟建成，满山顽石矗立，形成了"万笏朝天"的石柱奇构。

如今，山上多奇峰怪石，岩石环回，挺秀奇伟。天平山西有两崖，对立如门，俗称"龙门"，又称"一线天"。

图3-12　天平山红枫

天平山半山腰有一清泉，名叫"白云泉"，泉水清洌而晶莹，味道醇厚而略带甘甜。白云泉前，建有敞轩一座，在此不仅可以畅饮用白云泉泡沏的香茶，还可以纵赏天平山四周的景色。

唐代诗人白居易与白云泉还有一段渊源。白居易曾任苏州刺史，在任期间，他曾到苏州西郊的天平山游览，俯视天平山清澈的泉水，仰望天平山上空飘浮的白云，情不能已，写下了脍炙人口的千古诗篇《白云泉》："天平山上白云泉，云自无心水自闲。何必奔冲山下去，更添波浪向人间。"这首诗虽然只有寥寥二十八个字，但内蕴深刻，意象兼具。既有对天平山白云和泉水的神态描摹，又有诗人内在情感的真实表现。诗人借白云和泉水的逍遥自在，表现自己渴望清静闲适的生活。天平山上的白云泉也因此闻名于世。

据《天平山志》记载，这片枫林最早是由范仲淹的第十七世孙范允临在明万历四十三年（1615年）辞官回苏修建天平山庄时所植。而按照清初学者汪琬在《前明福建布政使司右参议范公墓碑》中的说法，这些枫树苗很有可能是范允临在任职地或者回苏的途中收集的。

天平山山麓有成片的枫林，大者年逾四百，秋日经霜，层林尽染，称"万丈红区"。天平山的红枫学名枫香，枫叶呈三角形，像一只只鹅掌。如果把它们放到水里把玩，这些红掌肯定也能拨清波呢。与其他地方的枫叶不同的是，秋后经霜的枫叶并不是一下子转红的，而是由青变黄、变橙，再变紫，故又称"五色枫"（图3-13）。据说，这片枫林已经有四百多年的历史。而今那一株株枫树粗壮挺拔，有的要两三人才能合抱得住。后来，天平山又栽种了两千多棵"接班枫"，与古枫林已经连成一片。

图3-13　五色枫

每到深秋时节，半山腰的望枫台便是最佳的观赏地。天平山山麓红霞缭绕，丹枫烂漫。红叶群是最令人神往的，摄影爱好者任意选取一个角度拍摄，都是一幅绝美的风景画。慕名前来天平山观枫赏景的游人如云。因而清代苏州诗人顾纯作《吴中风景》诗云："丹枫烂漫锦妆成，要与春花斗眼明。虎阜横塘景萧瑟，游人多半在天平。"

现在天平山每年都会举办红枫节，除了展示红枫林之外，还有针对各类人群设计的参与类活动，真可谓是五花八门：真人实战拓展、烧烤、垂钓、赛马、射箭、游船等娱乐活动应有尽有。在品尝民间小吃、观看手艺表演、欣赏岁寒堂"古韵今枫"书画摄影展的同时，人们还可以到秋千园休闲小憩。如果你是环保爱心人士不妨报名参加红枫认养、净山环保等公益活动。

红枫节上，人们能看到许多精彩的民间表演，舞台以"万丈霞红"的红枫林为背景，上演着"小杂技、大马戏"。人与大象、黑熊、老虎和谐共存，合作表演，时不时的高空惊险动作引来观众阵阵惊呼，将气氛推向高潮……往往待到夕阳西下，夕阳与红枫媲美"红艳"时，人群才会慢慢散去。

天平山胜景，除自然美景之外，人文胜迹更值得探寻。

二、天平山与范仲淹

天平山又名"范坟山"，据说天平山上的石头原来都是向下而生的，所以这里被当地人视为不祥之地。宋代名臣范仲淹（图3-14）不以为然，在山上购置地皮，作为祖坟坟地。坟墓建成后，天气骤变，一阵狂风后，山上所有石头都翻了个个儿，变成百官上朝时所捧笏板，形成了"万笏朝天"的奇观。

范仲淹的勤奋苦读也在民间成为佳话。范仲淹两岁时就失去了父亲，家中贫困，没有依靠，母亲无奈，只好改嫁。范仲淹长大后，知道自己的身世，哭着辞别母亲，到南都学习。

图 3-14 范仲淹塑像

范仲淹在南都学舍读书时,每天煮粟米二升,做成一锅浓粥。经过一宿,浓粥就凝结成块。范仲淹用刀将其切成四块,早晚各取两块,又切好葱、蒜放在浓粥里拌着吃。南都留守有个儿子也在南都学舍学习,他回去将范仲淹的情况告诉了父亲,并将自家厨房里的美食送给了范仲淹,范仲淹将其放在一边并不理会,后来那些食物全都坏掉了。

南都留守的儿子说:"我父亲听说你清苦,送来一些食物,可是你都不下筷子,是有什么顾虑吗?"范仲淹抱歉地说:"我并非不领你父亲的厚意,而是我食粥多年,已成习惯了。如果突然享受这么丰盛的肴馔,恐怕以后就不能吃这种冷粥了!"一席话说得南都留守的儿子心服口服。这就是范仲淹"划粥断齑"的故事。

范仲淹在睢阳读书的时候,有一天,宋真宗路过那里。听到这个消息后,全校师生轰动了,都认为这是普通老百姓亲睹"天颜"的一个千载难逢的好机会,所以蜂拥上前围观,只有范仲淹一人留下来继续读书,人家问他：“这么难得的机会，你为什么不去看看？”范仲淹回答说：“将来再见也不迟。”正是范仲淹的勤学好读，他才学到了很多真才实学，后来成了国家的栋梁。

范仲淹一生清贫俭朴，出任杭州知州后返回故乡，看到族中仍有不少人忍受着饥寒之苦，于是寻访宗族，买田千亩，创办范氏义庄，周济贫困的族人。范仲淹非常关心教育事业，他在苏州创办了最早的府学。同时，范仲淹的惠民德政，使老百姓难以忘怀，"先天下之忧而忧，后天下之乐而乐"的千古绝句，流传至今。1989年，时值范仲淹诞辰1 000周年之际，苏州百姓为纪念范仲淹重建了"先忧后乐"坊（图3-15）。

图3-15 "先忧后乐"坊

自唐代以来，天平山上名人络绎不绝，先后留下白居易、范仲淹、高启、沈周、唐寅、文徵明等人的遗迹。以天平山庄为代表的建筑群，与青山绿水、奇石古枫融为一体，人文之胜与自然之美相得益彰，引来了无数名人赞咏不绝。天平山留下了白居易的名诗《白云泉》，天平山庄的芝房是唐伯虎、文徵明、祝枝山等人的书斋，唐伯虎在天平山还亲手种过一株罗汉松，这株罗汉松至今枝繁叶茂。此外，天平山庄还有乐天楼、高义园、忧乐坊、忠烈祠、三太师祠等建筑。山庄里山崖、卵石聚泉成池，配以葱郁的竹林，为这些建筑增添了几分天然活泼的意趣。

第六节　寒山寺听钟声

苏州有一个古老的民间风俗，每年除夕守岁时，苏州人都要等待着聆听从枫桥寒山寺中传出来的洪亮钟声。这钟声透过沉沉的夜色，传到千家万户的时候，就意味着新春来临了。这夜半钟声，整整一百零八下，传达出的是祝福与期盼。

一、张继与《枫桥夜泊》

岁岁除夕，寒山寺总要敲响钟声，这钟声听起来似乎总有一种浑然天成般的威严感。除夕夜，苏州城外寒山寺传来的夜半钟声，带着厚重的余音，留下了久久不绝的回响，也因张继的一首《枫桥夜泊》（图3-16）而闻名。

图3-16　[清]俞樾书《枫桥夜泊》

唐天宝年间（742—756年），一位才华横溢的年轻人进京应试，自信地以为能获得不错的名次。放榜那天，他把红榜从头到尾看了好几遍，却找不到自己的名字。他几乎不敢相信这个现实，心情极度沮丧。为了排遣苦闷，在一个深秋的夜晚，他租了一条小客船，由京杭大运河泛舟而下，一路行驶到苏州阊门外的枫桥镇。

入夜，周围一片黑暗，没有皎洁的月光，只有繁星点点。乌鸦不知在哪儿的树林里啼鸣，声声令人心惊。寒冷的清霜铺天盖地。面对江边几棵落叶未尽的枫树和渔船上微弱的灯火，失意书生在愁苦的情绪中快要睡去了。

突然一阵动人心魄的钟声，从枫桥镇近旁的寒山寺传来。凝重、悠长的钟声在宁静、深沉的夜里久久回荡。这夜半钟声，穿过枫林，流过江面，一声一声地敲打在年轻的书生心上，书生不觉心中一动，急忙请船家在黑暗的船舱中点上蜡烛，铺开纸，研好墨，执起笔，写下："月落乌啼霜满天，江枫渔火对愁眠。姑苏城外寒山寺，夜半钟声到客船。"全诗短短二十八个字，却向我们传递出一种无限的遐想和意犹未尽的惆怅。读着这首诗，我们仿佛听到了诗人在诉说当年的故事：在一个深秋的夜晚，诗人乘船来到苏州城外，小船停泊在寒山寺外的枫桥（图 3-17）下，此时眼前的景象突然让诗人心生愁绪。月亮西沉，寒霜漫天，乌鸦也被冻得瑟瑟难眠，不时发出悲切的啼声。乌鸦如此，更何况人呢？秋天夜晚的霜透着浸入肌骨的寒意，从四面八方围向夜泊的小船，让诗人感到茫茫夜空中正弥漫着满天霜华。诗人辗转难眠，不禁悲从中来。乌鸦是不是也在悲叹诗人的失意呢？深秋的黑夜里一片萧瑟，孤冷之感难以消除，就如同经历了战乱的人心中涌起的冰冷寒意久久不散。在这个乱世之中，究竟该何去何从？对着桥边的树木和池边的渔火，诗人彻夜难眠。这时候，寒山寺的钟声悠然传到了船上，它似乎也猜透了羁旅之人的心思。钟声陪伴诗人度过沉沉的无眠长夜，这寺院的钟声好像一位深邃的高僧，为愁苦无助之人指点迷津，不过它是在规劝诗人摆脱俗世烦忧呢，还是在激励诗人努力奋发进取呢？想必诗人卧听钟声时的种种难以言传的感受，尽在不言之中了。

图 3-17　枫桥

这个应试落榜的书生，就是张继（图3-18）。一千两百多年以后，已没有人会记得唐天宝年间那次应试榜单上，红榜金字的考生姓甚名谁，但几乎人人记住了张继和他的《枫桥夜泊》。诗中的寒山寺，坐落于苏州古城西面京杭大运河河畔，原名妙利普明塔院，始建于南朝梁天监年间（502—519年）。唐贞观年间（627—649年），著名诗僧寒山与拾得由浙江天台山国清寺云游到此，世人为了纪念二位高僧，将寺名改为寒山寺，并一直沿用至今。在漫长的岁月中，寒山寺屡遭劫难。据史书记载，该寺曾先后五次毁于兵火之灾，屡建屡毁，现存的殿宇是清末光绪（1875—1908年）、宣统年间（1909—1911年）重建的，距今有一百多年的历史。

图 3-18　张继塑像

古刹旁静静流淌着的京杭大运河，为寒山寺迎来送往了许多文人墨客和善男信女。也正是京杭大运河的缘故，寒山寺一改佛寺多朝南而建的传统，它的山门和整个寺庙的布局朝向了西边。这既是因地制宜的结果，也暗含了遥望"西天佛国"的寓意。

二、寒山寺与寺钟

关于寒山、拾得的结交，民间曾流传有一段佳话。唐朝初年，天台山国清寺的丰干禅师出门化缘，在道边捡到一个被人遗弃的男婴，起名"拾得"。国清寺外面，有个年岁同拾得相仿的乞儿，住在寒岩的石穴内，他就是"寒山"。

寒山和拾得结识后，情投意合，亲如兄弟。寒山常混进寺庙里，找拾得一起去庙外游历。拾得常把自己那一份斋饭盛在一个圆形的食盒中，带到寒山住的石穴内，与他分享。

花开花落，冬逝春来，寒山与拾得无忧无虑的平静生活被一位住在寺前山村里的姑娘打破了。因为寒山和拾得都被纯洁的姑娘所吸引，一天见不到那位姑娘，两人就失魂落魄。寒山为了维护两人的兄弟情义，决意割断情丝，悄悄地离开了，想成全拾得和那位姑娘，于是一个人来到苏州枫桥边结庐修行。拾得知道真相后，心生感激，便离开国清寺一路化缘，一路打听寒山的音讯。没过多久，拾得便循着寒山走过的路，来到了苏州。这时，寒山也听说了拾得来寻找自己的消息，忙折断一枝盛开的荷花，于五里之外迎接他。从此，二人便结伴募化，发愿立庙，立的庙就是名动天下的"姑苏城外寒山寺"。后来，寒山与拾得这两位笑口常开、乐为大家排解祸难的高僧，被民间奉为欢喜之神。百姓将他们俩年轻时的形象画成瑞图，专门悬挂在喜堂上，以示祝福。寒山手执荷花，谐音为"和"字；拾得拿个食盒，谐音为"合"字，暗寓夫妻和谐的意思。食盒中飞出的蝙蝠，则取"蝠"字与"福"字同音，象征美满和幸福。因此，寒山和拾得又被民间称为"和合二仙"。

如今现馆藏于美国纳尔逊-阿特金斯艺术博物馆的《寒山拾得图》(图3-19)中,寒山用手指地,谈笑风生,拾得袒胸露腹,欢愉静听,两人披头散发,憨态可掬。清代雍正皇帝正式封寒山为"和圣",拾得为"合圣"。从此,"和合二仙"名扬天下。

图 3-19 《寒山拾得图》

唐朝的佛教对日本有极其深远的影响,传说拾得和尚乘坐寒山寺里的一口钟,漂洋过海东渡到日本,在一个名叫萨堤的地方,传播佛学和中国文化,所以日本人对寒山寺也非常熟悉。

明朝晚期是历史上倭寇频繁骚扰江浙沿海城乡的时期。明嘉靖三十三年(1554年)正月,倭寇从太仓进掠苏州、松江等地,可能是在这一年倭寇掠走了寒山寺的大钟,将其带去了日本。

直到清末,日本一位名叫山田寒山的人,四处打听寒山寺寺钟的下落,他要把寒山寺的寺钟找出来归还中国,但始终没有找到。于是,他便募捐集资,请工匠精心铸成一对青铜钟,一口留在日本观山寺,一口送回苏州寒山寺。这口钟重5吨,高2.5米,钟上"二龙戏珠"图的两颗"明珠"为撞击点,钟声悠扬动听。

现在寒山寺的寺钟虽不是唐朝时期的原件，却留下了一段掠钟、还钟的中日民间文化友好交流的佳话。有了这样漫长丰富的历史，苏州寒山寺的寺钟和张继的《枫桥夜泊》自然在日本成了家喻户晓、老幼皆知的事情，《枫桥夜泊》一诗甚至收录在日本的小学课本里，当地的小学生也会背诵。

寒山寺的建筑是一派江南园林的风格，小巧玲珑，景色秀美，一步一景，充满诗情画意。除夕夜，寒山寺法师都要撞一百零八下寺钟，表示一年的终结，有除旧迎新之意。因为一年有十二个月、二十四个节气、七十二个候①，合计一百零八。据佛经记载，人生有一百零八个烦恼，听一百零八响钟声，便可得到层层解脱，预祝来年幸福安康。据说，这一百零八响的钟声能保佑人一年平安。

苏州江枫洲还会举办音乐演出和大型歌舞表演等活动。"闻钟声，烦恼轻，智慧长，菩提增。"当钟声响起时，寺宇内外成千上万的信众和市民静静地怀着希望和祝福，默默祈愿。在寒山寺法师撞完一百零八下钟声后，由游客自己动手撞响新年的幸运寺钟。此时无数烟花升空，光芒四射，在场所有的人欢欣鼓舞，沐浴在千年古刹喜庆与祥和的时空里，彼此祝福新年快乐。

---

① 古时候一年大约为三百六十天，每五天为一候。

第四章

体会苏式生活的精致典雅

| 苏式生活　民俗风雅 |

苏州这座城市宛如一名江南女子，一颦一笑间流露出精致与典雅。苏州人在日复一日、年复一年的柴米油盐中活出了精致得体的"生活美学"。所有的细节皆为苏州人的日常生活而存在，老苏州人的生活气息被藏在每一缕升起的炊烟里，刻在老人们谈笑时如花朵一般的皱纹里，淹没在老花猫慵懒的瞌睡声里。苏州人与昆曲为邻，余音柔婉缠绵；与河水为伴，两岸风景独好。漫步苏州的街巷，走走停停，寻找着，感受着，恬淡宁静、颇有深度的苏式生活。

在许多画家笔下，老苏州人就是这样一幅画面：江南的亭台楼阁、小桥流水，天然为幕，那水袖一舞，咿呀一唱，连船上的渔夫、对岸的平民都定住了身影。一边明，一边暗，蜿蜒曲折的小巷向更幽深处绵延，小巷的那一头有热闹的大街，也有澄净的河水，好一派江南水乡、枕河人家的秀丽风光（图4-1）。

图4-1　枕河人家

苏州古城保持着"水陆并行、河街相邻"的双棋盘格局，以及"小桥流水、粉墙黛瓦"的独特风貌，并积淀了极为丰富的历史遗存和人文景观。不仅有古城墙遗址，也有为数众多的古民居、古桥、古井、古树、古牌坊等。历史上，许多文人雅士、达官贵人都曾生活于此，至今城内居民还保持着传统的生活方式。

第一节 苏州人的一天

苏州人以一日三餐为重,所谓"日图三餐,夜求一宿"。苏州人早上第一餐是吃面,讲究面汤、卤料、浇头等。陆文夫曾在自己的小说中详细描写了主人公吃面要吃头汤面的场景。苏州人在粉墙黛瓦里享受悠然的生活。我们也去做一天苏州人,尝尝苏州美食,赏赏苏州美景,听听苏州昆曲,体验苏式生活……

一、苏州人的一天,从一碗面开始

苏州人吃面是有传统的,苏州人每天必做的三件事是喝茶、吃面和听评弹,苏州的一碗汤面深深融入了苏式生活之中。

苏州人对面有着别样的情怀,经常可以听到这样一句话:"苏州人的一天,从一碗面开始。"面条在苏州人生活中的地位可见一斑。走进苏州的面馆,才发现,苏州一碗面颇具苏州味道,但是也有各种风味,这里不仅有纪录片《舌尖上的中国》里介绍的枫镇大面(图4-2),还有著名的三虾面、鳝丝面、奥灶面等。传说,乾隆皇帝微服下江南时,途经昆山游览玉峰山后肚子饿了,于是来到一家面店吃了一碗红油爆鱼面,觉得味道无比鲜美,忙让太监打听烹制方法。但由于地方方言的关系,太监似懂非懂,无奈只得急中生智面奏皇上:"红油面味道好,主要是面灶上的奥妙。"乾隆一听,大笑道:"面灶奥妙,奥妙的面灶。"从此,这家面店就有了"奥灶面"的美称。奥灶,原是昆山土话"鏖糟",就是不太干净的意思。谁知这个怪名称反倒使奥灶面的名气不胫而走。

图 4-2　枫镇大面

苏州人偏爱美食在陆文夫的《美食家》(图 4-3)中得到了淋漓尽致的展现,可令人不禁哑然的是,陆文夫既非吴中后裔,又非膏粱子弟,为何对苏州美食如此了解?原来他是苏州著名文化学者周瘦鹃的美食高足。周瘦鹃是地地道道的苏州人,"鸳鸯蝴蝶派"的巨擘,讲究的是精细、诗意、浪漫和雅致的生活方式,他为自己的居住地取名为"紫兰小筑",其诗意的生活可见一斑。苏州众多的私家园林就是这些古代和近代的名士为了吃而耗巨资建造的。这些墨客骚人讲究的吃不仅仅是"食不厌精,脍不厌细",还有环境、心境、意境和氛围,甚至怎样的气候条件应该享用何种风格的菜系,都大有文章可讲!

图 4-3　陆文夫的《美食家》

第四章　体会苏式生活的精致典雅

当然，众多的普通百姓既没有条件又没有时间太讲究，但就是最平常不过的苏州人在吃面上也不是止步于饱腹的。

苏州人的吃从早晨的一碗面开始，这一碗面的滋味都在那面汤里。这汤得用螺蛳壳、鳝骨、鸡壳、猪棒骨、鸭骨、扁尖等几十种材料按一定的配比细火慢炖十几个小时而成。苏帮面的浇头讲究繁多，有肥而不腻、入口即化的焖肉，有浓油赤酱、外焦里嫩的爆鱼，有鲜香微甜、口感顺清的香菇等不下几十种，还有重青（多放葱蒜）、免青（不放葱蒜）、宽汤、紧汤、过桥（浇头和面分离）之分。外行人上面馆享受的是招牌气派，老食客则注重的是面点师傅，这叫作"吃厨师"。

陆文夫大半生生活在苏州，他以苏州小巷人物为背景创作了一系列小说，如《小巷深处》《临街的窗》《美食家》等。《美食家》是他的巅峰之作，在1983年发表于《收获》第一期，曾获得1983—1984年全国优秀中篇小说奖，并随着时间的流逝显示出独特的魅力，而"美食家"这个称谓也由此风行。

小说的主人公资本家朱自冶以出租房屋为生，收入颇多，一应事务都有经纪人代为办理，所以每天唯一的事情就是想办法吃、喝、消遣。朱自冶不仅吃得又精又细，而且能把美食讲得头头是道。朱自冶流连于姑苏街巷，寻觅舌尖美味，让我们记住了陆稿荐的酱肉、马咏斋的野味、采芝斋的虾子鲞鱼……

小说中这样描写主人公吃面的场景：朱自冶起得很早，睡懒觉倒是与他无缘，因为他的肠胃到时便会蠕动，准确得和闹钟差不多。眼睛一睁，他的头脑里便跳出一个念头："快到朱鸿兴去吃头汤面！"这句话需要做一点讲解，否则的话，只有苏州人，或是只有苏州的中老年人才懂，其余的人很难理解其中的诱惑力。

那时候，苏州有一家出名的老字号面店叫"朱鸿兴"，如今还在城区开设了多家分店。至于朱鸿兴都有哪些花式面点，它们如何美味就不交代了，食谱里都有，算不了稀奇，笔者只想把其中的吃法交代几笔。吃还有什么吃法吗？有。同样的一碗面，各自都有不同的吃法，美食家对此是颇为讲究的。例如，你在朱鸿兴的店堂里一坐："喂！来一碗排骨面。"跑堂儿的稍许一顿，跟着便大声叫喊："来哉，排骨面一碗。"那跑堂儿的为什么要稍许一顿呢？他是在等待你吩咐吃法：硬面、烂面；宽汤、紧汤、拌面；重青、免青；重油（多放点油）、清淡（少放点油）；重面轻浇（面多些但浇头少点）、重浇轻面（浇头多但面少些）、过桥……如果是朱自冶往朱鸿兴的店里一坐，你就会听见那跑堂儿的一连串的叫喊声："来哉，清炒虾仁一碗，要宽汤、重青，重浇要过桥，面硬点！"

一碗面的吃法已经叫人眼花缭乱了，朱自冶却认为这些还不是主要的，最重要的是要吃"头汤面"。千碗面，一锅汤。如果下到一千碗的话，那面汤就糊了，下出来的面就不那么清爽、滑溜，而且还有一股面汤气。朱自冶如果吃下一碗有面汤气的面，他会整天精神不振，总觉得有点什么事儿不如意。因此，朱自冶不能像奥勃洛摩夫那样躺着不起床，必须摸黑起身，匆匆盥洗，赶上朱鸿兴的头汤面。吃的艺术和其他的艺术相同，必须牢牢地把握住时空的关系。

正如艺术家的失恋常常可以升华为美妙的艺术，朱自冶的馋嘴也被我们的作家提炼成东方饮食文化的惊世美艳。自美食家朱自冶出现之后，我们才发现，没有朱自冶的中国文坛，就像盐没搁准的朱鸿兴头汤面，总觉得有点不对劲。苏州人讲究的一碗头汤面，加上时令的浇头，红汤、白汤，重青、免青，放在碗里的面一定状似紧致的鲫鱼背，不然就不正宗了。

陆文夫于1928年出生，2005年去世。虽然是江苏泰兴人，但陆文夫大半生生活在苏州。他在自己的作品中精致描摹了古城苏州的风土人情、园林风景、吴越遗迹、风味小吃、吴侬软语、石板小巷、小桥流水……无不栩栩如生。这些苏州特有的文化与风俗，成为他小说中的重要情节要素，使其小说具有独特的文化地域魅力，也使其小说赢得了"小巷文学"和"苏州文学"的美称。

作家刘心武认为,陆文夫早年创作的小说《美食家》《小巷深处》等作品清新淡雅、情趣盎然,字里行间流淌着浓郁的姑苏风情,是同类文章所不可比拟的。作家邓友梅认为,陆文夫写出了苏州的民风民俗,为我们民族留下了珍贵的历史镜头;他谦虚厚道、淡泊名利的人品风格,是中国作家的财富。

明清文人特别注重日常生活中的情趣,且不论琴棋书画,就连饮食也被他们上升到艺术的高度。袁枚将他的《随园食单》与自己的诗文等同视之。20世纪60年代,陆文夫进入苏州作家协会工作,他所在的小组有六七个人,组长是颇具明清文人遗风的周瘦鹃先生。每个月,周瘦鹃都会召集两次小组会议,先是开会,会后聚餐,每人出4元钱,到松鹤楼去吃一顿。饭罢品茗,吟诗唱和,这是苏州文人的生活。

每次,周瘦鹃总要提前三五天去松鹤楼定位子,约厨师,如果指定的厨师不在,就另择吉日。不懂吃的人"吃饭店",懂得吃的人"吃厨师"。真到了吃饭的那一日,他们桌上的菜品也不同于别桌,常常是两三种炒菜拼在一个盘子里就端了上来,每个人对每种菜只吃一两口。到饭店吃饭,不是为了吃饱,而是要品尝味道;要想吃饱,到面馆里吃碗面就行了。陆文夫从周瘦鹃先生身上学到了美食的要领。

陆文夫追随周瘦鹃先生左右,终于悟出美食的真谛在于品味,在于环境、气氛和心境。对于一个有文化的食客来讲,美食也是真真假假、虚虚实实。陆文夫凭借几十年的积累写出了小说《美食家》,写的虽然是人的故事,可很多人看了《美食家》,却馋得流下了口水。

吃面要吃头汤面,还有头刀韭菜、太湖莼菜、南塘鸡头米……虽吃得简朴,却并不马虎,无处不带着苏州人的温和与精细。据说,从前苏帮菜里有一道菜叫火芽银丝,就是把火腿丝嵌在绿豆芽里,其精细程度简直可以和苏绣媲美。

苏州人吃得精致，就说猪肉吧，随着四季的变化也有不同的烧法。春天吃酱汁肉，肉酥、色红、糖足，令人食欲大开；夏天吃荷叶粉蒸肉，鲜香爽嫩；秋天吃扣肉，薄薄的肉片下面或是霉干菜，或是豇豆干，或是菜花头干，荤素搭配；到了冬天，则是整块方肉端上桌来，浓油赤酱，肥而不腻，瘦而不干，是为酱方。

陆文夫最后自己"下海"，开了一家酒楼，自撰广告："小店一爿，吭啥花头。无豪华装修，有姑苏风情；无高级桌椅，有文化氛围。"楹联高悬："一见如故酒当茶，天涯来客茶当酒。"陆文夫终于在自己的天地里，好好地享受美食了。

二、体验苏式生活的一天

唐朝诗人杜荀鹤的《送人游吴》中写道："君到姑苏见，人家尽枕河。古宫闲地少，水港小桥多。夜市卖菱藕，春船载绮罗。遥知未眠月，乡思在渔歌。"到过苏州的人，除了苏州的园林之外，印象最深的应该是苏州的小桥流水了。寒山与拾得法师有段对话很有意思。寒山问拾得："世间有人谤我、欺我、辱我、笑我、轻我、贱我、骗我，该如何处之乎？"拾得笑曰："只需忍他、让他、由他、避他、耐他、敬他、不要理他，再待几年，你且看他。"如此超然的态度，也未尝不是苏州城在千百年际遇变迁中所表现出的气定神闲的姿态。

那就让我们带着一份气定神闲来做一天苏州人吧！

（一）清晨5时，逛葑门横街早市

葑门横街（图4-4）位于苏州市古城区东南，街长约690米，宽约5米，街上绝大部分建筑仍保留着清末民初枕河人家的风格，前街后河，河街并行。横街不长，也不是苏州有名的景点，但它是颇有苏州市井气息的老街。横街的早晨，是与活蹦乱跳的鲜鱼活虾、带着露珠的蔬菜和蒸腾着热气的各色早点一起到来的。如果你漫步其中，耳边则是吴侬软语在温柔地讨价还价。你还可以走进那个带老虎灶的茶馆，跟一帮苏州老人一起闲话家常。这不，逛了一圈，肚子有点饿了，赶紧吃面去！

图 4-4　葑门横街

（二）上午6时，去同得兴吃碗面

逛完横街，该吃早点了。老苏州人讲究"早上皮包水"，说的就是早上吃碗头汤面。苏州出名的面馆有朱鸿兴、陆长兴等，同得兴面馆（图4-5）也很有名气。大凡说到名小吃，都有个神秘的传说。例如，枫镇大面里头就有个有趣的传说。相传，有位皇帝微服私访苏州，没有官员知晓皇帝出巡，竟把皇帝饿慌了。皇帝也顾不上什么身段了，去敲一户面店的门。哪知店主是个赌鬼，压根没心思做生意，更不知眼前这人是个大人物，于是就开始瞎弄了，没酱油就用盐调味，没肉骨吊汤就用黄鳝熬制，想放酒也没有，就捞了点酒酿凑数，这碗面就这么折腾出来了。没想到，皇帝竟然连连叫好。枫镇大面由此出名。有人说，这个没见过大世面、没吃过像样东西的皇帝就是乾隆皇帝。

图 4-5　同得兴面馆

故事说得轻巧,但同得兴的枫镇大面可是做得颇为讲究。中日邦交正常化 30 周年时,同得兴的老板应邀赴日本交流。日本朝日新闻社报道称,同得兴面是继中国"四川担担面""山西刀削面""兰州拉面"后发现的第四流派面。不过,枫镇大面有很强的时令性,只有 6—9 月才有。要是错过这个时间,可以点一份鱼肉双浇如意面。还有龙须面,有红汤、白汤两种风格,面细而筋道,汤清而浓郁,浇头天然鲜香。同得兴面馆的招牌面点还有白汤卤鸭面、燻油爆鱼面、红汤爆鳝面等。

(三)上午 9 时,逛逛皮市街花鸟工艺品市场

吃完面,可以先去苏州市姑苏区新市路文庙古玩市场转转,那里每个周末都会有古玩集市。之后,可以驱车至皮市街花鸟工艺品市场(图 4-6),看看鱼,逗逗鸟,把玩下山水盆景,享受一份难得的苏州悠闲时光。

图4-6　皮市街花鸟工艺品市场

（四）中午11时30分，去太监弄的松鹤楼或得月楼吃中饭

临近午餐时分，可以步行至观前街太监弄的松鹤楼或得月楼，尝一尝正宗的苏帮菜。例如，松鹤楼的松鼠鳜鱼，是苏帮菜中色、香、味兼具的代表之作。相传，乾隆皇帝下江南，微服至苏州松鹤楼用膳，厨师用鲤鱼为材，剔其骨刺，在鱼肉上刻花纹，加上调料，稍加腌制，淋上蛋黄糊，放入滚烫的油锅后，将其炸至微黄，再浇上熬制的糖醋卤汁。这道菜外形颇似松鼠，外脆里嫩，酸甜可口。乾隆皇帝吃后很是满意，之后这道松鼠鳜鱼便名扬天下。2018年9月，松鼠鳜鱼入选"江苏十大经典名菜"。

得月楼（图4-7）创建于明嘉靖年间（1522—1566年），最早位于苏州虎丘半塘的野芳浜口。明代戏曲作家张凤翼赠诗得月楼云："七里长堤列画屏，楼台隐约柳条青。山公入座参差见，水调行歌断续听。隔岸飞花游骑拥，到门沽酒客船停。我来常作山公醉，一卧垆头未肯醒。"野芳浜，俗称"冶坊浜"，位于半塘桥和普济桥之间，同虎丘隔河相望，山水交融，景色优美。从张凤翼的诗中，便可以想象四百多年前，得月楼就已经盛极一时，蜚声吴中了。沧海桑田，古时的得月楼随着历史的变迁，经过移址和湮灭，成为历史上的一笔记载，直至清乾隆年间（1736—1795年），仍有不少文人墨客题诗赞美得月楼。当年，乾隆皇帝下江南的时候，在得月楼用膳，因其菜味道极为鲜美，赐名"天下第一食府"。

图 4-7 得月楼

得月楼于 1982 年 4 月 25 日重建，移址观前街道太监弄，整个建筑粉墙黛瓦，飞檐翘角，古朴典雅，楼内装饰均为漏窗、博古架和落地长窗，一步一景，疏中有密，置身其中可以领略苏州古典园林的风貌。其建筑特征鲜明，布置独具匠心。苏州著名书法家费新我题赠门联，"吴地名厨远来近悦，琼楼玉宇醉月飞觞"。

得月楼名师荟萃，技术力量雄厚，传承苏帮菜特色，注重精益求精，讲究色、香、味、形，保持原汁原味，常年供应品种达三百多种，并配有春、夏、秋、冬四季时令菜点，其中名菜名点有得月童鸡、西施玩月、蜜汁火方、虫草甫里鸭、碧螺虾仁、枣泥拉糕、苏式船点等。得月楼特别擅长制作明代流传下来的船菜船点、吴中第一宴。20 世纪 60 年代拍摄的电影《满意不满意》就是以得月楼为背景，20 世纪 80 年代拍摄的电影《小小得月楼》也是在得月楼拍摄的。

（五）下午 1 时，去古典园林喝杯茶

苏州人喝茶称"吃茶"，喝茶最好的地方是在苏州园林里。老茶客喜欢泡一杯香茗，常常在园里一待就是大半天。如果拙政园、狮子林、留园、网师园、沧浪亭等你都去过了，那么不妨试试几个隐藏在巷子深处的小园林，那里的茶室更加清幽。例如，艺圃（图4-8）便是这样僻静之所，园子面积不大，池水倒占了五分之一。艺圃名声虽不响，辈分却不浅。园中央有个荷花池，池东为主人居住的堂屋，池南为假山亭阁，西边为书斋别院，北侧为水榭茶楼。这里不仅恬静安谧，而且人文底蕴深厚，真是难得的一座"城市山林"。艺圃的茶楼颇大，叫"延光阁"。临窗落座，透窗南望，好一幅立体山水画。池子周围石桥、幽径、长廊环绕，假山背后树石花景设计精妙，绿水池中红鲤鱼的身影隐约可见，人的心情就不由得愉悦起来。在延光阁沏一壶午茶，品些许苏式茶点，此份时光是多么惬意；夏天在延兴阁还可以欣赏一池清荷，闻香远溢清。苏州还有仓街附近的耦园、庆元坊的听枫园，也极有雅趣，闲暇时不妨去喝一杯茶。

图4-8　艺圃（局部）

（六）下午3时，漫步平江路或山塘街

从园林出来，意犹未尽，下午时分的阳光又十分慵懒，此时的平江路（图4-9）就是最符合人心境之地。沿着石板路漫步，一边是默默流淌的河水，另一边则是店门较小、内有乾坤的各色店铺。花点时间，你在这里也许能淘到想了很久的一本书、一串心仪的菩提手串。

图 4-9　平江路（局部）

（七）晚上 6 时，在李公堤寻美食

李公堤当然不止有吃的，从这里可以欣赏到兼具城市之美和山水之色的黄昏。李公堤的各种美食向来是吸引无数游客的亮点。意大利菜、德国菜、韩国菜、中国菜（苏帮菜、杭帮菜等）……你想怎么吃就怎么吃。

李公堤是清光绪十六年至光绪十八年（1890—1892年）由李超琼筹款所筑。李超琼系四川合江人，两任元和县知县，颇有政绩。当年，金鸡湖水势浩渺，波涛险恶，渔民往返，每蹈不测，李超琼恻然悯之，筹措银两，创建一堤，以杀水势。全堤分两段：一段西起黄石桥，东至花柳村；另一段西起花柳村，东至斜塘市镇。堤长五里许，杨柳数千株。尔后风有所蔽而水波不兴，途无所危而行旅皆便。百姓颂声盈耳，称它为"李公堤"。

李公堤的两端本有纪念亭，内竖"李公堤"碑。如今岁月流逝，亭已废圮，碑刻仍在。今堤乃重新修葺，且构一亭，置原碑于内，籍记历史故实，亦旌李公之德。

李公堤现在是苏州金鸡湖中唯一的湖中长堤。全堤整体典雅精致，当年商贾云集的盛景，从堤上古碑文中仍可略窥一二。李公堤所在之环金鸡湖景观工程由美国泛亚易道公司进行世界级标准的景观设计，现已成为国内混合型亲水社区的成功典范，形成了规模巨大的开放型现代城市生态公园。

（八）晚上8时，夜游网师园欣赏昆曲

一轮明月悬当空，眼前的舞台上正上演着一幕幕悲欢离合，一不留神，就会迷失于翩翩衣袂间，不知今夕何夕。网师园夜景（图4-10）更具中国传统文化氛围，建筑还是那些建筑，不过在每座建筑里，却进行着鲜活多元的文化盛宴。当古典园林与众多精彩的文化碰撞在一起的时候，给人的感受却是令人终生难忘的。在网师园的夜花园里，苏剧、昆剧、评弹、舞蹈、古筝、长笛等，每个节目虽说都非常短，但文化内涵丰富，在特定的氛围中，尤其是雨夜，更是让人特别难忘。戏曲的美雅俗共赏，甚至能跨越国界，穿梭千年。

图4-10 网师园（局部）夜景

第二节　苏式生活的悠闲自在

苏州人的生活是精致、典雅和讲究的,需要细细体味,让我们徜徉平江路,漫步山塘街,说不定会邂逅一个撑着油纸伞、温婉可人的姑娘。这里有苏州颇具特色的小店铺,还有苏州韵味十足的石板路。没有人舍得错过它,它会让你依稀看到桃花源的影子。当然你一定要特别注意苏州的民居、古桥、佛塔,那里蕴藏着很多美妙的传说。

一、老苏州的原味生活

老苏州大多是前门靠街,后门临水,舟船可以直接开到各家门前。河道两边不宽,一户人家探出窗,伸一根竹竿出来,篮子里装了菜挂在竿头,稍稍一送,对岸的邻居就能接到了。

老苏州的菜贩以舟船代替货担,沿河叫卖,买主推开窗子,问明价钱,将货款放入竹篮,用绳子系好递到船中。菜贩拿出钱,把菜放进篮子,买主将篮子提上岸,足不出户,买卖成交。买主不用怕缺斤少两,菜贩也不用怕赖账不认,老苏州的风气就是满满的信任。伴随着这样的声音,孩子们从清晨睁开眼来,就惦记着巷子里的油条和咸豆浆,一溜烟地奔出家去,根本顾不得母亲温好的白开水泡饭。

记得小时候大家都会说的一段童谣,讲出了苏州人从农历正月到十二月忙碌的习俗:正月初一吃圆子,二月里厢放鸽子,三月清明去买青团子,四月蚕宝宝上山结茧子,五月端午吃粽子,六月里厢摇扇子,七月蒲扇拍蚊子,八月中秋剥剥西瓜子,九月登高去打梧桐子,十月剥剥早红小橘子,十一月晒晒太阳踢毽子,十二月里搓圆子。

老苏州人说的农历二月二的"撑腰糕"的风俗，即民间流传的一个有趣的传说。不知是哪一个朝代，说苏州的虎丘塔倾斜得越来越厉害，急坏了土地公公，他想来想去，只能用神威来救虎丘塔。这天晚上，苏州城的男女老少都做了一个梦，梦中被喊去拉绳，拉的正是虎丘塔。第二天一早醒来，人人都觉得腰酸背痛，于是就拿"撑腰糕"来补一补。又传，龙王私自下雨惹恼了玉皇大帝，玉皇大帝将龙王压在巨石之下，苏州人怕龙王被压坏，在其腰下垫了块巨大的糕，于是就有了"撑腰糕"的说法。苏州人吃"撑腰糕"的风俗就是从这些传说开始的。每个苏州人心中都有很多老苏州的味道。现在，我们来看看几位名人心中的苏州。

（一）著名京昆艺术大师俞振飞：苏州临顿桥吃蹄髈面

俞振飞是梅兰芳的"黄金搭档"，出生在苏州，他眼中的苏州是那样宁静古朴。小时候，俞振飞的活动范围仅在苏州市姑苏区东北街一带，因为父亲俞粟庐在拙政园西部的张家担任家庭教师，教孩子们昆曲。

以前，拙政园东部和西部是分隔开的，分属不同的园主。西部于清光绪年间（1875—1908年）被盐商张履谦购得，改名"补园"。"卅六鸳鸯馆"是补园的主体建筑，从前是园主听昆曲的地方。馆舍正面朝北面水，沿池驳岸，水中停着画舫。在俞振飞眼中，夏秋季节的"卅六鸳鸯馆"最美，因为朝北面水，所以非常凉爽，尤其是那一池荷叶，微风吹拂时，暗香浮动，让人顿生三分醉意。当然，冬天的"卅六鸳鸯馆"也别有一番情调，因为地砖底下设有火道，从外面灶间生火，暖气顺着火道进入大厅，屋内便温暖如春。这种取暖方式称作"地龙"。

俞振飞自小在苏州园林中长大，因此深深懂得园林和昆曲的韵味。俞振飞和张家晚辈常常在"卅六鸳鸯馆"踏歌拍曲。有一次，俞振飞和张家的长子紫东演对手戏。紫东扮演苏武，俞振飞扮演李陵，苏武不断责问李陵，李陵不断后退，可是后面就是柱子了，苏武还在责问，正在这个时候，俞振飞不得不冒出一句"戏外话"："大哥呀！我后面就是庭柱，已无处可退了！"一时间传为佳话。

闲暇时，俞振飞会穿过补园那一百多米长的备弄，走上浓荫遮蔽的东北街，再往右一拐，沿着弹石路走上一二百米，就是临顿桥了，在那里有一家老面店，叫"新德源"。俞振飞常常到这家百年老店吃面，他说自己最爱吃的是那肥而不腻的蹄膀面。

（二）现代小说家郁达夫：逛古城赏美景

那是20世纪20年代一个秋天的上午，天气晴好，美得醉人，郁达夫和好友乘火车从上海来到苏州。一路上，同行的女孩子明眸皓齿，不时发出银铃般的笑声，郁达夫想和她们打个招呼，可是"三千年的道德观"和见人就生恐惧的性格，使得郁达夫闹了个大红脸，始终没有开口。

出了车站，郁达夫看到马路上有不少穿长衫的人，路的两旁停着黄包车和马车，车夫和驴马都在灰色的空气里混战。往来穿梭之人的叫唤、一个钱两个钱的争执、萧条的道旁杨柳、黄黄的马路，以及在远处看得出来的一道长且矮的土墙，这就是苏州留给郁达夫最初的印象。

接着，他们雇了一辆马车到葑门去。早上的天气还是好好的，这时已经变了脸，起初看不见的微雨愈下愈大了，郁达夫和友人坐在马车里，沿着阊门外的大马路朝盘门走，又沿着城南护城河外的大马路往觅渡桥方向走去。疏淡的树林、蜿蜒的城墙、浅浅的城河，交替出现。过了洋关，来到了觅渡桥上，马车夫说从这儿到葑门内的严衙前，因为路窄，马车进不去，只有步行了。

在葑门内那些清冷的街上，郁达夫感叹这苏州的一隅，真像18世纪浪漫的古都。街上的弹石路、粉墙黛瓦的建筑、狭小的弄堂，没有一件不在那里展示中华民族的悠悠历史。

在锦帆路附近，有一家名叫锦帆榭的茶馆，郁达夫和友人在那里吃了午饭，然后步行去观前街。在观前街，郁达夫的心情出奇地好了起来，先是看到几个女青年在一家乐器铺里买箫，他在一旁痴看了许久。那些女青年也忍不住回望了他好几眼。然后，郁达夫又在玄妙观门口的一家书店里看到一位很年轻的学生正在那里买杂志，而这份杂志正巧是郁达夫和朋友共同编写的。

（三）著名影视演员韩雪：喜欢苏州慢悠悠的生活节奏

从苏州走出去的影视演员韩雪心中的苏州是怎样的呢？韩雪说，苏州是她的家乡，她在这里出生、长大。说起苏州，她喜欢苏州慢悠悠的生活节奏，每次回到这里，她都能感觉到整颗心静了下来，慢慢享受生活，感受时光的流逝。每次回苏州，她一定会做几件事：去太湖边逛一逛，来上一碗奥灶面，尝一尝时令的大闸蟹，跟朋友去听评弹，逛逛狮子林、拙政园、留园，去黄天源给朋友买一点儿苏州特产当伴手礼。这些也成为很多苏州人的习惯。

苏州给韩雪留下了特别多的美好回忆。比如说留园，那是一个规模不大的园林，但因为离她就读的小学特别近，她小时候春游、秋游都会去那个园林。对于一个不到十岁的孩子来说，小小的园林也是她心中的大世界。每当韩雪回到苏州，她都会选择再去那个园林逛一逛。

还有一个地方就是太湖。现在很多朋友，特别是南方的朋友，周末自驾游都会去太湖，感受一下农家乐，吃一点儿湖鲜。在韩雪小时候，太湖在她印象中非常遥远，因为每次去那儿都非常不容易，她只能坐父亲骑着的自行车，花费一个小时的工夫，才能到太湖。于是，简单的爬山、垂钓，甚至坐在自行车后面那种自由自在的时光都成为韩雪小时候美好的记忆。到现在为止，她都认为没有任何一段时光能代替坐在父亲自行车后边那种美妙的时光。

谈起苏州味道，苏州有特别多好吃的东西，如"太湖三白"、阳澄湖大闸蟹、糕点、菱角、面条等。韩雪认为，大家最熟悉的可能是阳澄湖大闸蟹，这是一道时令美食。每年秋天的时候，各个地方的游客一定会蜂拥而至，就是为了尝一尝苏州的阳澄湖大闸蟹。有机会的话，外地的朋友一定要亲自来一趟苏州,品尝一下正宗的苏州美味。

苏州是一座水城,所以别有一番韵味,有水的地方就有灵性。韩雪认为,苏州的美在于它是一种含蓄的、沉静的美。在拍戏之余,她觉得只有回到像苏州这样的城市,才会让她感到真正的静心。

到苏州有好多件事情是一定要做的,比如你可以逛一逛苏州的园林,看一看苏州的古镇,如同里、木渎、甪直等,每一处小景都别具风味。当然,你可以去望一望太湖,在渔船上尝一尝正宗的"太湖三白"等。此外,你还可以去逛一逛平江路、山塘街,找一点儿老苏州的韵味,青石板路、小桥流水,说不定哪一家小小的餐厅推门进去,你就可以听到评弹古韵。

希望大家有空的时候来苏州做客,逛一逛苏州精巧的园林,去太湖边上走一走,感受一下湖光山色和江南韵味,邂逅慢生活。

韩雪说了她眼中的苏州,一定很令人向往吧!俗话说,"上有天堂,下有苏杭"。没准,你就会在苏州的街巷中碰到一个美丽的苏州小姑娘。

苏州的河汊纵横密布,水乡泽国的有利条件成就了苏州丰富的物产,一个"水八仙"就可以衍生出一桌子的乾坤。苏州人讲究"吃新鲜",所谓"不时不食"。苏州人的生活是精致的、典雅的、讲究的。

二、平江路——一条温婉低吟的名街

每一座城市都有其保存记忆的地方。例如,北京是胡同,上海是弄堂,苏州是小巷。苏州的小街小巷特别多,幽静曲折,历史悠久,其中有以数字一到十来命名的,别有一番情趣。

有一首苏州童谣这样说道:"一人弄,二门口,三家村,思(四)婆巷,吴(五)趋坊,菉(六)葭巷,戚(七)姬庙,北(八)街上,九胜巷,十全街,七塔八幢九馒头。"

而苏州的平江路在宋代的《平江图》(图 4-11)上就是当时苏州东半城南北向街巷。它既是苏州的一条历史老街,也是一条沿河的小路,其河名为"平江河"。

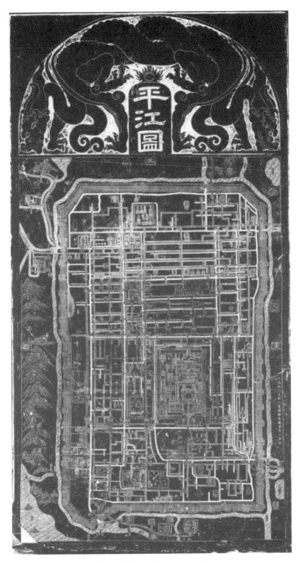

图 4-11 《平江图》

平江路是一条傍河的小路,全长 1 606 米,是苏州一条历史悠久的经典古道。早在南宋时期,平江路就是当时苏州东半城的主干道。一条长长的平江路,承载了苏州几百年的历史,这里有全苏州颇具特色的小店铺,有韵味十足的石板路。与别处古街道、古镇的偏僻不同的是,平江路地处苏州繁华的闹市之中，颇有点闹中取静的感觉。平江路南起干将路，北到拙政园、狮子林、苏州博物馆。与平江路垂直相接的是诸多狭窄的小巷，小巷的一头连着幽静古朴的平江路，另一头连着鼎沸喧哗的都市街道。这样的平江路颇有一种大隐隐于市的感觉。

到了苏州不到平江路，就可能读不懂苏州。平江路算得上是苏州保存得较为完好的古街了，与观前街仅有一巷之隔，但其清静古朴的生活气息与咫尺之外的喧哗鼎沸形成了迥然的两个世界。

从平江路向南走几步，便能听到古琴悠扬，这是一处琴馆。据称，馆主请了吴派传人前来讲授琴艺。取道中张家巷，没走几步，又能听到江南的丝竹之声，喜气热闹。循声向前，是苏州评弹博物馆。绕过前厅展设，后院就是书场。赶得巧能听上一段弹词，看台上人说、噱、弹、唱，台下的人也不由听得神采飞扬。从书场转出，再往巷子深处走，又见中国昆曲博物馆。馆内挂着大红灯笼，这里与一般传统的建筑相似，乍一看也没觉得什么稀奇，事实上要走进去才觉得好。庭院里十分宽敞，石板铺地，两边是厢楼，北为朝南的大厅，南面正中央是一个古戏台，这里也是苏州戏曲博物馆。

此处博物馆的原址大有来头，正是当年的全晋会馆，由清末山西寓居苏州的商人所建，还不专为生意洽谈，仿佛喝茶、听戏才是正经事。戏台也要走近看才知分明，天花板上不辞繁复地用藻纹装饰出穹窿形顶，状凹如井，顶端置一枚大铜镜，周围数百只浅雕黑色蝙蝠与数百朵金黄色云头圆雕相依相绕，色泽鲜丽异常，蝙蝠与祥云盘旋而上，汇聚于藻井顶端的铜镜片上。藻井的设计别有妙用，它如同一个共鸣箱，待演出时，能使演员发出的声音向上聚集，声音顿时变得洪亮圆润，余音更能绕梁不绝。

走上平江路，你会注意到一个状如船形的房子，叫作"船屋"。这个船屋坐落在一座拥有几百年历史的老宅子里。这座庭院深深的老宅在平江路钮家巷33号，面积为700多平方米，建于清嘉庆年间（1796—1820年），至今还保存着完好的雕花门窗、木质地板。由于历史价值高，苏州文物管理委员会办公室给老宅挂上了编号147号的"苏州市控制保护古建筑"牌子。

提到平江路，很容易想到一位清代的名人，他就是住在平江路的悬桥巷27号的洪钧。同治七年（1868年），洪钧高中状元，从翰林院修撰慢慢升官至兵部左侍郎。不过，真正令他声名鹊起的则是其后来的浪漫婚姻。在1886年一个阳光明媚的早晨，洪钧把年方二八的"秦淮河名妓"赛金花娶到了洪家，做他的第三房姨太太。

一个大才子居然看上一个红粉佳人，这本身就充满了浪漫的味道。据说，洪钧是在返乡奔丧的路上，看到了在秦淮河上卖唱的赛金花，这一看就此看出一段浪漫史来。那时，他三天两头让赛金花为他弹唱。再后来，在朋友的怂恿之下，这段姻缘又得到了大夫人和二夫人的同意。于是，在第二年桂花飘香的季节，美女赛金花走进了平江路悬桥巷27号。洪钧还专门给赛金花造了房子，就是洪家大院的"第七进"房。在江南的水汽氤氲中，赛金花悠闲而滋润地在悬桥巷27号的院落里生活着，她时常会在饭后或闲暇时待在大院里听评弹、唱昆曲，还有京戏。在下人的眼里，赛金花是个温和善良的人。大夫人有点看不起赛金花的出身，但是总的来说，赛金花与洪钧的这段婚姻还是非常美满的。

1890年盛夏，洪钧作为清朝政府的公使，带着赛金花，从西方四国"载誉"归来。这时候的赛金花已经能够讲一口流利的外语了，在社交圈里游刃有余，自然成了中国第一代的"交际花"。归国后，他们还是回到了苏州，回到了平江路，住进了悬桥巷29号，还带回来了一架钢琴。不过，仅仅两个月后，洪钧谢世而去，留下年轻貌美的赛金花。赛金花无限感慨地离开了悬桥巷29号，去了上海，开始了真正属于她的"名妓"生活。

算算时间，赛金花住在平江路悬桥巷29号洪家大院的时间只有半年，与洪钧相处的时间也不到十载，悬桥巷27号和29号却成了一段永远的佳话。在这里走走，好像有时候还会觉得那街角能走出那个风韵优雅的赛金花来。

与平江路垂直相接的是诸多狭小的街巷，如狮林寺巷、传芳巷、东花桥巷、曹胡徐巷、大新桥巷、卫道观前、中张家巷、大儒巷、萧家巷、钮家巷等，每一个名字背后都可能有着长长的故事。巷子一径是高高的垣墙夹着曲折的街巷，颇有些曲径通幽的意境。不知高墙内深藏了多少私家花园，园林讲究市园相隔，俗者屏之，然而这也显示出了苏州生活的另一面，市井生活与清修别院从来就是互为表里的，共为苏州文化空间的魂魄，清雅高远的文人趣味自然提炼了苏州的精神气蕴，而"大隐隐于市"的美学体味也需要人间烟火来成全。

晚清时期有不少名士寓居在这些窄巷深宅之中，悬桥巷中有书痴黄丕烈的"士礼居"旧址，据传这是他的藏书所在。此外，名医钱伯煊、历史学家顾颉刚的顾氏花园都可在此寻觅到鸿爪片影。只是旧时王谢堂，已成百姓家，或许故居正厅的形貌还在，雕花窗棂也尚可见旧日气派，只是高墙早已挡不住市井生活的浸染，偶做一番历史的凭吊，也只有付与窗棂木梁、潺潺流水和形容难辨的石墩了。或许只有曲水人家的洒扫忙碌，吴侬软语的家长里短才是苏州文化中绵长久远的记忆，炊烟、书香一并混杂在记忆中，讲述着苏州当年的风华。

如今，平江路还有很多客栈，可以去体验苏州人的慢生活，还有很多特色商店（图4-12），如猫的天空之城在平江路25号，取名"猫的天空之城"，源自宫崎骏的电影《天空之城》。如果你非要打破砂锅问到底，为什么店名叫"猫的天空之城"？店主的回答颇值玩味："你可以自己发挥想象！"好吧，既然如此，多一份幻想，多一丝神秘，也未尝不好。推门而入，跨过略高的门槛，你一定会对眼前这个不大但颇高的屋子一见钟情，书籍、明信片、陶瓷杯等"杂七杂八"的物品把本来就不大的空间填充得甚为充实，又因为布局合理，区域分明，摆放有序，纵然东西较多，却并非感到杂乱，反而平添了一份安全感，让人倍觉温馨与安逸。一杯招牌丝袜奶茶，一本厚薄适度的小书，你足可以在这里待上一个下午，既惬意又小资。

图 4-12　平江路的特色商店

平江路保留着小桥流水、枕河人家及幽深古巷的江南水城特色，积淀着深厚的文化底蕴，内有世界文化遗产耦园等文物保护单位 9 处、控制保护建筑 43 处，以及为数众多的古建筑、古桥、古井、古树、古牌坊等，还有古城墙遗址。

思婆桥位于平江路建新巷东端，桥西原有唐代古刹资寿寺。思婆桥，原名"师婆桥"，苏州话里"思婆"与"师婆"同音。资寿寺为尼姑庵，而尼姑俗称"师婆"。明朝时期，资寿寺东面的桥改称"师婆桥"。清嘉庆十年（1805 年）该桥重建，俗称"思婆桥"。如今，我们见到的思婆桥于 1985 年重修，桥长 11.2 米，跨 4.4 米，宽 3 米，高 2.9 米。桥台排柱为武康石，两头雕有灵芝宝莲的长系石，为宋代遗物。而今思婆桥已有千年历史。

雪糕桥位于平江路肖家巷东端，跨平江河，桥名与一段孝子的传说有关。相传，这里住着一名孝子，以做小本生意为生。这位孝子家里还有一位年近古稀的母亲，孝子每天做完生意都要去黄天源买两块糕团给母亲吃。某一年的冬天，大雪封路，孝子照常去给母亲买糕团。但是雪下得太大，孝子才走了几步路就滑倒了，但他一想到躺在床上的母亲嘴里还在说着"糕、糕、糕"，就努力爬起身，继续前行。可是，路面实在太滑了，孝子一路上摔倒了多次。正当孝子踌躇之时，突然看到前方有一座桥，桥栏上堆满了积雪，看着就像一块块的糕团。孝子心中一动，在桥上抓起雪块尝了一口。这雪块虽然冰凉，但入口后竟有丝丝甜味。于是，孝子将两个雪块用棒子打实充作糕团，就深一脚、浅一脚地回家了。那时，生着病的母亲吃着孝子捧回来的"糕团"，一边吃一边说"好糕、好糕"。说也奇怪，吃了这个"糕团"，母亲的病居然好了。这件事一传十，十传百，就传到了县太爷的耳朵里。于是，县太爷命人张贴告示，嘉奖了孝子的孝行。

平江路上的名人故居特别多，如位于平江路钮家巷3号的苏州状元博物馆，此处原为清代状元、大学士潘世恩故居留余堂，也曾为太平天国英王陈玉成的行馆。正所谓，"苏城两家潘，占城一大半"，这里的"两家潘"指的是"贵潘"与"富潘"。潘世恩一脉被称为"贵潘"，有"吴中言科第人文之盛者，必以潘氏为称首"的赞誉，李鸿章曾为其题写"祖孙父子叔侄兄弟翰林之家"。整个清代，"贵潘"家族共有进士9名，其中状元1名，探花2名（潘世璜、潘祖荫）；举人36名；贡生21名；秀才142名。其中，潘世恩是四朝元老，潘祖荫是三朝元老，他们都是朝廷要员，可见其门第之显赫。

钮家巷往北，隔几条巷子，在平江路南石子街有潘世恩孙子潘祖荫故居，被称为"探花府"，现修复后为苏州文旅花间堂·探花府。金石学家、收藏家潘祖荫为清咸丰二年（1852年）探花，官至工部尚书，任军机大臣，为人好士重贤，勤政爱民。令人扼腕的是，潘祖荫在为顺天府赈灾时，积劳成疾，病死任上。其府中有两座颇具特点的古建筑，一个是藏书的滂喜斋，另一个是藏鼎彝古玩的攀古楼。潘祖荫酷爱金石、书画，宅内所藏系国之珍宝西周大盂鼎、大克鼎，为晚清"海内三宝"中的两宝。抗日战争时期，日寇在潘氏府上搜索未果，乃悻悻而去。1951年，潘祖荫的孙媳妇潘达于女士将西周大盂鼎、大克鼎捐赠予上海博物馆，后西周大盂鼎转至中国历史博物馆（今中国国家博物馆），这两个大鼎成为这两个博物馆的镇馆之宝。

三、山塘街——一条轻舞水袖的老街

苏州的山塘街始建于唐宝历年间（825—826年），位于苏州金阊区。宝历元年（825年），白居易曾奉命到苏州任刺史。上任不久，白居易坐了轿子到虎丘视察，看到附近的河道淤塞，水路不通，回到衙门后，立即找来相关官吏商量，决定在虎丘山环山开河筑路，并着手开凿一条山塘河。山塘河东起阊门的渡僧桥附近，西至虎丘望山桥，长约七里，故俗称"七里山塘到虎丘"。这条河将阊门与大运河相接，便利了苏州的水陆交通。在河塘旁筑堤，即山塘街。山塘河的开凿和山塘街的修建，使这一带成了热闹繁华的市井。苏州百姓非常感激白居易，在他离任后，便把山塘街称为"白公堤"，还修建了白公祠，以作纪念。

山塘街一头连接苏州的繁华商业区阊门，另一头连着花农聚集的虎丘镇和名胜虎丘山。因此，自唐代以来，山塘街一直是商品的集散之地、南北商人的聚集之处。

苏州是个水乡，河道多，桥也多，而山塘街是颇具苏州街巷特征的典型街道。它中间是山塘河，山塘街则紧靠河的北侧，通过一座座石桥与另一侧的街道连接。山塘街上店铺、住家鳞次栉比，这里的房屋多为前门沿街，后门临河，有的还建成特殊的过街楼，真是朱栏层楼，柳絮笙歌。山塘街也是一条典型的水巷，河上装载着茉莉花、白兰花及其他货物的船只来来往往，游船画舫款款而过。

山塘街全长360米，虽仅有"七里山塘"的十分之一，却是其精华所在，被称为"老苏州的缩影、吴文化的窗口"。

老街重现了当年山塘的繁盛，店肆林立，会馆齐聚。这里既有苏州老字号采芝斋、五芳斋、乾生元等小吃店，又有吴韵茶庄、苏州桃花坞木刻年画、紫檀木雕、石雕、刺绣等特色商铺。

吴一鹏故居，又称"玉涵堂"，它是苏州城外体量最大、保存最完整的明代民居建筑，建于明嘉靖十年（1531年），距今已有近五百年的历史。

吴一鹏是苏州人，明弘治六年（1493年），考中进士，任翰林院编修，后来做了正德皇帝朱厚照的老师。嘉靖年间，吴一鹏官至礼部尚书。吴一鹏的故居是典型的江南民居，房屋现分四路五进，除主厅玉涵堂为明代遗构之外，其余都是清代及民国时期的建筑。

山塘街分别有"横七竖八"十五座桥。横跨山塘河的桥有七座：山塘桥、通贵桥（又称"瑞云桥"）、星桥、彩云桥（又称"半塘桥"）、普济桥、望山桥（原名"便山桥"）和西山庙桥。竖贯堤上的八座桥分别是：白姆桥（又称"白马桥""泰定桥"）、毛家桥、桐桥（曾称"洞桥""胜安桥"）、白公桥、青山桥、绿水桥、斟酌桥和万点桥。

通贵桥，是一座横跨山塘河的单孔石拱桥，扁砌青砖压条石栏杆。通贵桥是山塘街的标志性建筑，意思就是通向富贵人家的桥。这富贵人家指的就是明代礼部尚书吴一鹏。当时，吴一鹏住在桥南的东杨安浜，他与住在山塘街上菩提庵前的方先生是好朋友，二人经常来往，于是就造了这座桥。这座桥始建于明弘治年间（1488—1505年），距今已有五百多年了。明隆庆年间（1567—1572年），有人在桥上看到一朵五彩祥云，所以通贵桥又叫"瑞云桥"，桥柱上面刻有"光绪六年（1880年）虎丘清节堂、昌善局重修"。站在桥面上极目向西远眺，可以看见一座宝塔，这座宝塔就是著名的虎丘塔。

第四章 体会苏式生活的精致典雅

彩云桥，因地处半塘彩云里而得名。据《苏州府志》载：俗名半塘桥，宋政和元年（1111年）重建。又据《长洲县志》载："自阊门至虎丘，计七里，语云'七里山塘，行至半塘三里半'。"

白姆桥，跨山塘河支流白姆河，为单孔石板桥。据《桐桥倚棹录》记载，该桥最早为唐代诗人白居易筑白堤时所建。相传，白居易在此指挥修筑山塘街，将白马拴于桥头，该桥便有"白马桥"之名，其谐音为"白姆桥"，故得此名。

桐桥，在观音阁东侧，跨山塘河支流，其北通十字洋河的支流亦随之填塞，现仅存东、西桐桥圩地名。始建于北宋治平元年（1064年），曾为山塘河上最高的单孔石拱桥，《姑苏繁华图》上也有此桥。清代文人顾禄撰写的《桐桥倚棹录》是一本专记虎丘山塘的地方志。顾禄在自序中云："是书以桐桥为虎阜最著名处，故名。"古人诗云，"桐桥西去柳丝丝""撑出桐桥野水宽"。可见，当时桐桥的环境非常幽雅。1964年，因河道淤塞，桐桥被拆除，改为山塘街路面。

山塘街上的古戏台的建筑风格是仿唐式的，最早是作为祭神用的社戏场所，以祈求风调雨顺，国泰民安。后来渐渐变成欢庆节日、举办庙会、丰富民众业余生活的一个娱乐场所。由于封建社会等级观念很强，楼上楼下只有达官贵人、富豪商贾才能到里面欣赏，老百姓只能在外面观看。

山塘街还有一处著名的安泰救火会。由于山塘街的街道比较狭窄，商铺又多，非常容易发生火灾，因此山塘街的商户自发组织了民间的消防机构龙社，该社后于民国初年改称"救火会"。安泰救火会创建于1925年，之所以取名"安泰"，原因有二：一是"安""泰"两字有平安、太平的意思；二是这两字中包含着"安稳如泰山"的意思。安泰救火会旧址内，至今仍保存着石刻界碑和书条石，这些石刻界碑和书条石是安泰救火会珍贵的历史名片。在这些石刻界碑和书条石中比较有名的是两块长方形花岗岩界碑和三块书条石，其中三块书条石记载了安泰救火会当时集资购买救火艇一事，当时出资者的姓名都镌刻在上面。

山塘街可以分为东、西两段。东段从阊门渡僧桥起至半塘桥，这一段大多是商铺和住家，各种商店一家挨着一家，其中又以星桥一带颇为热闹繁华；西段是从半塘桥至虎丘山，这一段渐近郊外，河面比东段要开阔，河边或绿树成荫，或芳草依依，这里还有"五人墓"。我们高中都学过张溥写的《五人墓碑记》，"五人墓"安葬着明末颜佩韦、杨念如、马杰等五位苏州义士，他们为了抗议以魏忠贤为首的阉党逮捕东林党人周顺昌，"激昂大义，蹈死不顾"。整首碑文歌颂了五位义士仗义抗暴、至死不屈的英勇行为，对于他们"激于义而死"的精神给予了高度评价，也颂扬了苏州市民不畏强暴、不怕牺牲、敢于与恶势力做斗争的英勇精神。

明清时期，苏州是全国最繁荣的城市之一。山塘街上会馆众多，商贾云集。据统计，在苏州城内外分布着会馆60余处，公所200余处。

山塘街西头有会馆弄，全国各地商人在此设立会馆，如仙城会馆、冈州会馆、宝安会馆、岭南会馆、东齐会馆、东官会馆、全晋会馆等。可见当年五湖四海的客商会聚于此，水陆交通畅通，货物来往频繁，此处不失为东南繁华之地。

冈洲会馆，即广东新会，清康熙十七年（1678年）所建。冈州为全国葵扇原料主产地，苏州则是加工批售中心，故该馆俗称"扇子会馆"。

岭南会馆是明万历年间（1573—1620年），由广州商人兴建，为苏州最早的会馆之一。现存清代重建的三间头门，被列入苏州市控制保护建筑名录。岭南会馆的风火墙为五山屏风墙，其八字墙顶瓦檐下饰有砖雕抛枋，门楣上有"岭南会馆"四字楷书。原有清雍正七年（1729年）所刻《岭南会馆建广业堂碑记》，现移至苏州文庙。

普福禅寺，原位于青山桥浜内，现位于苏州市姑苏区山塘街816号。该寺建于南宋淳熙年间（1174—1189年），寺前有石板小桥，曰"普福桥"。据清代徐崧、张大纯编纂的《百城烟水》记载，"宋淳熙年间，僧文诚建"。

曹雪芹在《红楼梦》第一回提到的葫芦庙，据红学专家秦兆基、朱子南考证，该庙暗指的是山塘街上的普福禅寺。如今的普福禅寺于2009年7月重建，共五进，恢复了牌坊、山门、大雄宝殿、僧寮等建筑。在大雄宝殿后的长廊内有从《红楼梦》原著中整理出来的12个红楼场景，分别为"梦幻寻宝""繁华阊门""十里长街""虎丘工艺""姑苏佳人""元妃省亲""慧娘苏绣""宝钗扑蝶""海棠春睡""红楼戏班""元宵书会""贡品花露"。这些场景不仅与山塘街有关，还涉及苏州的风土人情。

山塘街，又称"七狸山塘"。据传，此处可以寻到七只石狸猫。这七只石狸猫（由东往西）分别指美仁狸（山塘桥）、通贵狸（通贵桥）、文星狸（星桥）、彩云狸（彩云桥）、白公狸（普济桥）、海涌狸（望山桥）、分水狸（西山庙桥）。相传，明朝初立，朱元璋担心原为张士诚大本营的苏州仍有其旧部在此活动，特派刘伯温来苏州考察。刘伯温发现山塘街横贯在白堤旁，状如卧龙，他惶恐这里会出现真龙天子，于大明王朝不利，便在山塘街上修建七只石狸猫，以永久镇锁龙身，确保大明江山千秋万代。

再向西行，就到了有"吴中第一名胜"之称的虎丘山。此处峰峦塔影，山林气象，更令人神往。这里还有普济桥、野芳浜等胜景。山塘街一向为历代文人墨客和朝野名士所钟爱，曾留下了许多吟咏之作。清朝乾隆皇帝对山塘街更是分外青睐，他写的诗中就曾屡屡提到山塘街。乾隆二十六年（1761年）在太后七十大寿时，乾隆皇帝特意在北京万寿寺紫竹院旁沿玉河仿建了一条苏州街，而这条苏州街就是以山塘街为蓝本的。乾隆五十七年（1792年），乾隆皇帝又在御苑清漪园（颐和园的前身）万寿山北建造了一条苏州街，也同样是山塘街的翻版。这两条苏州街后来在战火中不幸被毁。1986年，政府在颐和园又重建了苏州街，使"七里山塘"的风貌再次重现于北京。

山塘街经常举行丰富多彩的民俗活动，如龙舟赛、庙会、节会、花会等。山塘街还被写进不少民间传说和文艺作品之中，苏州弹词《玉蜻蜓》

《三笑》《白蛇传》就都曾写到它。《玉蜻蜓》中的主人公金贵升与青年女尼志贞就是在山塘街的法华庵里相识的;《三笑》中的唐伯虎得遇秋香,所谓"三笑留情"就发生在虎丘,而秋香下山归舟,唐伯虎雇小船追踪至无锡卖身为奴,那"追舟"一幕,也就发生在山塘河上。

　　山塘街已经历了一千余年的风雨沧桑,中华人民共和国成立后也多次进行整修。特别是1985年,苏州市政府在尽可能保持原来风貌的原则下,对山塘街进行了一次较大规模的整修。如果想要去苏州虎丘游览,一定要沿着山塘街缓步而行,你将尽情领略到江南水乡和苏州街巷的独特魅力,这也是一次现实与历史的对话,必然是别有一番风味的。

第三节　苏式生活的精致典雅

春天的苏州，柳色正浓，月色更明，蒙蒙烟雨中苏州的小姑娘如同行走的水墨画。她们一路穿花拂柳而来，顾盼生姿，一口吴侬软语，皆是浓浓的古韵。坐上人力车，看着夕阳余晖中的苏州民居、古桥、佛塔，聆听车夫口中一个个美妙的传说。

一、苏州枕河民居及特色建筑

若把苏州比作一户人家，那么在外人看来，这户人家家中的一房一瓦、一花一园、一茶一食、一曲一绣都堪称"瑰宝"。但在苏州人的心中，家里最引以为傲的并非"物产"，而是"人才"。据了解，明清时期共出了202名状元（清代2名满榜状元未计入），仅苏州地区就有35名，占比约17%。除状元之外，苏州还走出了灿若繁星的画家、文学家、两院院士……真是群星闪耀，人才辈出，更使苏州这座繁华都市增添了深厚的文化底蕴和独特的文化品位。

（一）苏州民居

明清时期，苏州民居始终保持着"水陆并行、河街相邻"的风貌。根据建筑和河道的位置，其布局大体可分为面水、临水和跨水三种。

1. 面水民居

面水民居建于滨河街巷一侧，一般宽4～6米，河岸上的垂柳一行，石栏半截，民居面水沿路，排列成线。这类民居多深院大宅，夹于两河之间，构成前街后河的格局。住宅的前门、后门，几乎家家都有通向河道的驳岸踏步石阶，为居民取水、洗涤和上下泊船之用。

2. 临水民居

临水民居建在相互平行的河与街的中间地带，建筑布局的特点是紧贴河道，叠石为基，临河建宅，屋宇进深浅，占地少，布置紧凑。不少民居还石基挑出，屋室半悬，飞凌水面，形成古人描述的"人家尽枕河，楼台俯舟楫"的景观。

3. 跨水民居（图4-13）

有些人家跨河建宅，以廊桥（桥上有顶，俗称"虹桥"）相连，组成一户住宅。桥栏上摆设盆景，独有情趣。还有些紧贴河道的民居将大门开设在小河旁，住宅入口设在河对岸，由门桥组成进出大门的通道。这类民居就是跨水民居。一宅一桥，便是它的另一种风光。

图4-13 跨水民居

除了上述滨河民居之外，还有前庭后院的市民住宅和高墙深院的官绅大宅，它们有着极其相似的建筑风格。苏州民居多雕饰，少彩画，大多为青砖、粉墙、黛瓦、立帖式砖木结构，色彩淡雅。楼房一般不超过两层，外面包围以高大的垣墙，院内从大门起，轴线上依次排列为轿厅、客厅、正厅等，两侧轴线上排列着花厅、书房、卧室等。各进之间的交通，除了主轴线通道之外，还在侧旁另辟甬道，狭长阴暗，俗称"备弄"。入大门后，可由备弄直接走到各进。房屋多为硬山式建筑，山墙高出屋面，构成封火墙。院子、天井是住宅的采光通风口，天井高深，则风产生的吸力增强，通风量大。因此，苏州的住宅常于建筑与垣墙之间留一道间隙，其宽不过一米，但用以通风采光，效果颇好。

（二）苏州特色建筑

我们来看看著名的苏州博物馆（图4-14）。苏州博物馆成立于1960年，馆址是太平天国忠王府旧址。它是首批全国重点文物保护单位，也是国内保存完整的一组太平天国历史建筑。

图 4-14　苏州博物馆

1999年，苏州市委、市政府邀请美籍华人建筑师贝聿铭设计了苏州博物馆新馆。贝聿铭祖籍苏州，是苏州的望族之后，他戏称苏州博物馆是他的小女儿。2006年10月6日，苏州博物馆新馆建成，并正式对外开放。新馆占地面积约10 700平方米，建筑面积19 000多平方米，加上修葺的太平天国忠王府，总建筑面积达26 500平方米，投资达3.39亿元。苏州博物馆既是全国重点文物保护单位，也是一座集现代化馆舍建筑、古建筑与创新山水园林于一体的综合性博物馆。苏州博物馆由铺满鹅卵石的池塘、片石假山（图4-15）、直曲小桥、八角凉亭、竹林等组成，既有苏州传统园林的元素，又不脱离中国人文的气息和神韵。

图4-15 苏州博物馆的片石假山

我们再来看看精致的东山雕花楼。东山雕花楼坐落于苏州市吴中区洞庭东山镇，是苏州香山帮建筑雕刻的代表之作，木刻浮雕出于香山木雕艺人周云龙之手，是研究中国近现代民间雕刻艺术传统、地方流派和技法难得的实物。

吴县香山以营造宫式建筑著称，香山建筑雕刻工匠在江南一带素称"香山帮"。木刻浮雕，内容取材于《三国演义》《全相二十四孝诗选集》《西游记》及富含传统寓意的图案。东山雕花楼是在上海做棉纱生意发了财的金锡之、金植之兄弟为孝敬他们的母亲而建造的一座豪宅，由香山帮著名匠人陈桂芳设计，雇用250多名工匠，耗资17万银圆，历时3年才得以竣工。如果你置身雕花楼中，一定会惊叹"楼无处不雕、雕无处不精"的精湛工艺。

二、佛塔、古桥、古寺

（一）佛塔

佛塔起源于古代印度，原是佛教徒膜拜的对象，用以供奉佛祖释迦牟尼的遗骨（舍利），其形状为一个半圆形的坟冢。佛塔传到中国后就本土化了，一般由地宫、基座、塔身、塔刹四部分构成。其中，地宫是佛塔的特殊构造部分，为埋藏舍利而建造。基座是整座塔的基础，起下覆地宫、上托塔身的作用。塔身是佛塔的主体部分。塔刹是佛塔最崇高的部分，冠表全塔。佛塔也成为佛的象征。

在我国，佛塔的种类很多，分类方法也不少。从佛塔的外形来看，有方形塔、圆形塔、多边形塔等；从佛塔所使用的建筑材料来看，有木塔、砖塔、石塔、铁塔、琉璃塔等；从佛塔的造型来看，有楼阁式塔、密檐式塔、覆钵式塔和金刚宝座塔等。

下面仅以虎丘云岩寺塔（图4-16）为例。

虎丘云岩寺塔位于苏州西北阊门外，是我国较早的双层塔壁的八角七层仿木楼阁式砖塔。虎丘云岩寺塔与西安大雁塔类似，都是大型多层仿木楼阁式砖塔。它们同为七层，西安大雁塔现高64米，虎丘云岩寺塔现残高48米，若恢复其初建原状（包含原塔刹部分在内），其高也当在60米上下；它们都以条砖和黄泥为主要建筑材料，也都是著名的佛教寺院的主要建筑物。构成建筑特征的仿木结构部分的柱、枋和斗栱等都以条砖砌筑而成，但建于五代后周时期的虎丘云岩寺塔在许多方面又超过了建于唐代初期的西安大雁塔。

图 4-16　虎丘云岩寺塔

首先，虎丘云岩寺塔的外形已由四边形过渡到八边形，这在建筑技术上是一个突破。方正规范的四边形建筑，如宫殿、官署、民居等，在传统建筑形式上都是四边形的，而改为八边形，其建造技术要复杂得多，但防御外力的性能也大为增强。虎丘云岩寺塔虽非第一座八边形塔，但在大型高层八边形佛塔中无疑是开先河的。自此以后，八边形塔成为我国佛塔的主要形式之一。

其次，虎丘云岩寺塔为套筒式结构，塔内有两层塔壁，仿佛是一座小塔外面又套了一座大塔。其各层之间的连接，以叠涩砌作的砖砌体连接上下和左右。这样的结构，性能上十分优良，虎丘云岩寺塔历经千年斜而不倒，与其优良的结构是分不开的。塔身平面由外墩、回廊、内墩和塔心室组合而成。自虎丘云岩寺塔之后的大型高层佛塔也多采用套筒式结构，当代世界上的高层建筑也多采用套筒式结构。这足以显示出我国古代建筑匠师高超的智慧和技巧。

再次，在建筑功能上，虎丘云岩寺塔的外塔塔壁出现了平座栏杆，这就使登塔者能自由地走出塔体，扩宽视野，从而改变了大雁塔那种只能从塔体门洞内往外观望的小视角状况。在虎丘云岩寺塔之前的砖塔中，还尚未发现塔体外建有平座栏杆的先例。

最后，虎丘云岩寺塔的内外装饰，色彩鲜明浓烈，使仿木结构的氛围更加逼真。塔壁内外留存的百余幅牡丹和勾栏湖石塑画更是形态各异，生动活泼，栩栩如生。

令人称奇的是，虎丘云岩寺塔也是一座著名的斜塔。通过对塔体及其基础构造的考察可知，佛塔是建于基岩层上的，由于基岩层上的土层厚薄不一，虎丘山为西南—东北走势，建在基岩层上的塔也就产生了不均匀的沉降，往东北方向倾斜。为了矫正塔的重心，明崇祯年间（1628—1644年）修缮时，工匠们有意将第七层往相反方向倾斜，以至于形成了今天虎丘云岩寺塔斜而不倒的奇观。至今，佛塔塔尖偏离中心2.34米。

1956—1957年，苏州市政府及有关部门着力实施抢修虎丘云岩寺塔的工作。工匠们先对塔身进行了加固，即在每层塔身加了三道钢箍；再在每层楼面的东西方向和南北方向加置十字钢筋，与塔身钢筋拉结在一起；然后对塔体裂缝和塔壁缺损部位喷灌水泥砂浆进行修补。

这次抢修，工匠们还在塔的二、三、四层的窨穴中发现了越窑秘色瓷莲花碗、楠木经箱、刺绣经帙、檀龛宝相、石函、经卷、经袱、钱币和铜镜等一批五代至北宋初年的文物，为研究虎丘云岩寺塔和五代至北宋初年的苏州历史提供了大量珍贵的实物资料。特别是越窑秘色瓷莲花碗，其碗身和承托都由大瓣莲花图案组成，犹如出水芙蓉，造型精美，釉色滋润，为青瓷中的极品，现已被定为国家一级文物，奉为国宝。1961年，虎丘云岩寺塔被国务院列为全国重点文物保护单位。

1981—1986年，虎丘云岩寺塔又进行了第二次大规模整修工作。这次以加固塔基和地基为主，在塔底外围2～2.8米处共打了44个深坑，直至岩石层，再在坑里构筑混凝土壳体基础，还做了地下防水，更换了部分砖体，力图从根本上消除塔体沉降和倾斜的威胁。这次整修工作使塔体稳固，塔身倾斜和沉降的变化都缩至极小的范围之内。

世界上著名的比萨斜塔要比虎丘云岩寺塔晚修建一百多年，但虎丘云岩寺塔的高度略低于比萨斜塔。如果虎丘云岩寺塔原来的塔顶未毁，两塔高度相似，倾斜度也相差无几。因此，虎丘云岩寺塔也被称为"东方的比萨斜塔"。

此外，苏州还有著名的瑞光塔、北寺塔、双塔。如有机会到苏州来旅游，一定不要错过苏州的这些佛塔。

（二）古桥

在中国古建筑文化里，古桥的地位十分显著，它是连接空间、沟通山水，以及刚柔相济、曲直相通、虚实相邻、动静相辅、可渡可游的景观建筑。中国古桥的历史非常悠久，早在原始社会时期，我们的先民为了解决水陆交通问题，就开始人工建造桥梁。随着工程技术的提升，古代工匠创造了各式各样不同结构、材料和造型的桥梁。在13世纪以前，中国一直处在世界桥梁建造技术的领先地位。如今，被列入全国重点文物保护单位的著名桥梁有江苏省苏州市的宝带桥、河北省赵县的赵州桥、福建省泉州市的洛阳桥等。

苏州是园之城、水之乡、桥之都。唐代诗人、苏州刺史白居易有诗云："绿浪东西南北水，红栏三百九十桥。"宋代《平江图》碑上刻有359座桥梁，至民国时期城内有桥308座，加上城外700余座，总共达1 000多座。据统计，苏州的桥平均每平方千米有15座，桥梁之多为世人称叹，这远远超过了世界著名水城意大利威尼斯每平方千米1座桥的密度。下面我们一同来了解苏州的四座古桥。

1. 宝带桥（图4-17）

在苏州的众多古桥中颇有特色的就是宝带桥。宝带桥横卧于京杭大运河河畔，全长316.8米，宽4.1米，有53孔石拱，是一座驰名中外的多孔石拱桥。53个桥洞有可能与佛教的"五十三参"有关，这也是佛教文化的体现。

图4-17 宝带桥

宝带桥始建于唐元和十一年（816年），相传是唐代苏州刺史王仲舒捐宝带资助修建，故取名"宝带桥"。

宝带桥与我国历史上的漕运关系十分密切，江南地区自古被称为"鱼米之乡"，历代帝王无不以此作为征敛赋税的重地。隋大业六年（610年），隋炀帝开凿江南河。到唐代，漕运已空前繁忙，苏州到嘉兴的一段运河，系南北方向，载满"皇粮"的漕船，秋冬季节要顶着西北风行进，人们不背纤，漕船是很难行驶的。苏州刺史王仲舒为了保证漕运的顺利畅通，决计下令广驳纤道，建桥湖上，并捐出自己的玉质宝带以充桥资。桥建成后，屡经兴废，现存的宝带桥是明正统十一年（1446年）重建的。远远望去，这座长桥也的确像一条玲珑秀美的玉带，浮于碧波之上。在我国现存的古代桥梁中，宝带桥是我国现存最长的一座多孔石拱桥。

2. 普济桥

普济桥位于苏州山塘街西段，跨山塘河。明弘治七年（1494年）修建。

清康熙四十九年（1710年）重建，因桥侧有普济堂，故名"普济桥"。这座三孔石拱桥，为花岗石砌筑，南北走向。1986年，普济桥因中孔顶部严重下沉，左右次孔两侧推移，桥身变形下沉，出现险情，所以工匠们对其进行了拆卸大修，在保持原貌的基础上，做到了修旧如旧。1982年，普济桥被列为苏州市文物保护单位。

3. 吴门桥（图4-18）

吴门桥位于苏州盘门外，是北宋时期修建的单孔石桥。据南宋时期李寿明主持刻绘的《平江图》所载为三桥相连，下设三洞。北宋元丰七年（1084年），吴门桥由一位姓石的人出资建造。盘门当时系苏州正南城门，此桥乃"步入吴门第一桥"，故名"吴门桥"。现存吴门桥重建于清同治十一年（1872年），桥身以苏州金山花岗岩构筑，杂有少量宋代旧桥所遗的武康石。吴门桥全长66.3米，中宽4.8米，拱券净跨16米，矢高9.85米，南、北两坡各铺设条石踏步50级，北端金刚墙左右两翼均砌有宽约0.6米的纤道，这是专为纤夫穿越桥洞而设的。1963年3月20日，吴门桥被列为苏州市文物保护单位，属"盘门三景"之一。吴门桥与邻近的瑞光塔、水陆盘门浑然一体，是苏州城西南重要的文物古迹游览区。

图4-18 吴门桥

4. 行春桥

行春桥位于苏州石湖风景区上方山路，跨石湖北渚。行春桥始建年代无从考据，南宋淳熙十六年（1189年）知县赵彦贞命人重修古桥。旧时，苏州有农历八月十八游石湖，看行春桥下串月的风俗。明月初起，桥洞中月影如串，游石湖、登行春桥者倾城而出，游船如织，歌舞之声通宵达旦。1963年3月20日，行春桥被列为苏州市文物保护单位。行春是苏州很古老的习俗，人们不分男女老少，都要在立春的头天，像迎接新娘一样，迎接春天的来临。这种仪式，有时涉及几个乡镇，有时是一个县市，人们用各种幽默而欢乐的方式，为春天添姿增彩。

（三）古寺

常言道："到苏州不可不去观前街，到观前亦不可不去玄妙观。"苏州的玄妙观（图4-19）是千年古观，坐落在苏州的古城中心，始建于西晋咸宁二年（276年）。其主殿三清殿于南宋淳熙六年（1179年）重建，是苏州仅存的一座南宋木结构殿宇式建筑，其历史悠久、规模宏伟，在中国建筑史上具有重要的历史价值，观内有很多珍贵的文物遗迹。玄妙观内的道教文化内涵深厚，是中国少有的完整道观建筑群，其中三清殿如今仍保留着宋代建筑的风貌与特点。1982年，玄妙观被列为全国重点文物保护单位，有一首关于玄妙观的苏州方言版绕口令很有意思，不失为练习苏州话的好素材。"苏州玄妙观，东西两判官。东判官姓潘，西判官姓管。东判官手里拿块豆腐干，西判官手里拿块萝卜干。东判官要吃西判官手里的萝卜干，西判官要吃东判官手里的豆腐干。东判官勿肯拨西判官吃豆腐干，西判官勿肯拨东判官吃萝卜干。"你能一口气念下来吗？

图 4-19　玄妙观

三、苏州传统手工艺与民间艺术

2014年12月1日，苏州被联合国教科文组织授予"手工艺与民间艺术之都"的称号。苏州手工艺历史悠久，门类繁多，在全国工艺美术11大类中，苏州就有10大类共3 000多个品种。据统计，现存24大类全国民间工艺中，苏州就保存有22类，像苏绣（图4-20）、核雕、制扇、缂丝（图4-21）等很多项目在全国乃至全世界都享有盛誉。苏州民间艺术品具有吴地文化的内涵，其特点是精致、细腻、美观，如苏绣、制扇、玉雕、砖雕、缂丝、木刻年画、红木小件、剧装戏具、民族乐器等，这些都在中国传统文化中独树一帜，在全国占有一席之地。如今，在北京故宫博物院展出的工艺品中，就有不少展品标明产自苏州。

图 4-20　苏绣——猫

图 4-21　缂丝（台屏）

（一）苏州传统工艺美术

苏州传统工艺美术是中华民族优秀文化遗产的一朵奇葩，是中华民族的瑰宝，它以悠久的历史、精湛的技艺、丰富的门类、传世的佳作蜚声海内外。苏州市目前拥有联合国教科文组织公布的"人类口头和非物质遗产代表作"6项,居全国各类城市之首,其中民间手工艺类就有缂丝、宋锦和香山帮传统建筑营造技艺3项;拥有国家级非物质文化遗产代表性项目29项,名列全国同类城市前茅,其中民间手工艺类有18项。在苏州,一把苏扇、一方丝帕、一件宋锦织物,都是这座城市的代表作品。大大小小的工艺品,不仅遗世独立、精妙华美,也渗透到人们的生活之中。

苏州自然条件优越,生活富足,文化积淀深厚,形成了对于艺术化生活方式的憧憬和追求,这为苏州传统工艺美术的发展提供了坚实的基础。依江傍海的地理区位赋予了苏州开放包容的文化自觉,使苏州在保持自身文化特色与基因的同时,也与诸多外来文化在融合中不断推陈出新、创新发展。

改革开放后,苏州的民间艺术在弘扬优秀吴地文化及市场经济的推动下不断发展,民间艺人逐步走向市场,走出苏州,走向世界。他们不仅将苏州传统工艺品在市内、省内展示,也在外市、外省展览。如不少苏州的民间艺术家走出国门,带着刺绣、石壶、剪纸、民俗挂件等工艺品到澳大利亚、泰国、新加坡去展示,有的还应邀参加在美国举办的中国文化节,在现场展示民间艺术,受到当地人的热烈欢迎。姚建萍的刺绣、蔡云娣的石壶、阮和平的智慧巧环、袁中平的澄泥蟋蟀盆等,获得全国民间文艺最高奖——山花奖金奖、银奖和优秀奖等奖项。这在苏州的民间艺术史上,抒写了光辉的篇章。苏州的民间艺术充分显示了苏州民间艺术家的聪明才智,显示了吴地文化的风采。苏州传统工艺品还登上了国际舞台,像苏绣艺术品,成为赠送国际友人的礼物;像缂丝,成为远销日本的紧俏罗织物;像宋锦,成为出席2014年亚太经济合作组织国际会议各国领导人服装的面料。

清代纳兰常安在《宦游笔记》中记载:苏州"凡金银琉璃绮彩锦绣之属,无不极其精巧,概之曰'苏作'。广东匠役,亦以巧驰名,是以有'广东匠,苏州样'之谚"。"苏作"是一种技艺之巧,"苏作"也是一种品牌的象征。我们以桃花坞木刻年画和苏州砖雕为例，一一进行分析。

1. 桃花坞木刻年画

桃花坞木刻年画既是中国江南主要的民间木版年画，也是苏州地区特有的民间艺术形式；既是富含苏州人民精神信仰、文化心理和对未来生活美好向往的艺术形式，也是苏州地区传统文化不可再生的宝贵资源。

桃花坞位于苏州古城西北角，阊门内北城下，这里自古以来便是苏州城里一个风景秀丽的去处，也是桃花坞木刻年画的诞生地。当时的年画生产和销售非常活跃，每年到了春节前后都是桃花坞木刻年画的销售旺季。很多摊贩或在集市上设摊销售，铺上油纸，摊上年画，边唱边卖；或游走农村，边走边卖，并通过说唱的形式来吸引人群，讲述与年画有关的故事，说唱的曲调和唱词也非常丰富多彩。生动有趣的说唱表演，给人们留下了深刻的印象，同时也促进了年画的销售。人们围集、挑选，到处是一派喜庆祥和的热闹景象。清乾隆年间，桃花坞木刻年画发展到鼎盛时期，当时的苏州"七里山塘"和阊门内桃花坞一带，数十家画铺，年产量多达百万幅。这些年画曾记录下苏州地区百姓的生活情趣，如今仍是活着的民间记忆。

桃花坞木刻年画的形式主要有门画、中画和屏条等形式。门画俗称"门神""喜画"，旧时人们盛行在室内贴年画，户上贴门神，以祝愿新年吉庆，驱凶迎祥。东汉蔡邕的《独断》记载，汉代民间已有门上贴"神荼""郁垒"神像的习俗，到宋代演变为木版年画。后来，民间争相仿效，几经演变，形成了自己的独特风格，便是现在的年画了。《山海经》中曾有记载：有一次，唐太宗李世民生了重病，身体欠佳，每晚梦见鬼怪。秦叔宝和尉迟恭二人穿上盔甲、手拿兵器为李世民做护卫，李世民也因此高枕无忧了。

为了让两位爱将得到休息，唐太宗李世民请了最好的画师为其画像，并张贴在门上，为民间传颂。如今，人们仍然保持着春节时贴门画的习俗来增添节日气氛，表达了对美好生活的期盼。

桃花坞木刻年画是用一版一色的木版套印方法印刷出来的，其构图对称、丰满，色彩绚丽，常以紫红色为主调来表现欢乐的气氛。由于桃花坞木刻年画制作工艺难度较大，除了木刻之外，整个过程还要经过很多次的套印才可以完成，个别年画还要经过上金粉、银粉等程序，只有大师级著名工匠才能胜任。桃花坞木刻年画的色彩艳丽，有紫、蓝、淡墨、桃红、大红、绿、柠檬黄等多种颜色。在构图上，桃花坞木刻年画经常采用平衡、对称、饱满等艺术形式，主要反映当时人们的生活状态和心理状态，具有极强的社会性和现实性，欧洲许多国家的博物馆及艺术馆都有收藏。到清朝中后期，清雅细秀、构图复杂是桃花坞木刻年画的主要特色，风俗年画尤其具有独创性，主要反映在两个方面：一是仿制古人，无论是题材选择、色彩运用、手法处理，均悉心摹仿宋、元、明以来中国传统绘画作品，继承中国古代卷轴画的传统形式，具有木刻风格，如《寿星图》《美人图》等；二是向西画学习，讲究画面的构图和透视，并能较好地利用明暗效果表现画面，如桃花坞木刻年画《姑苏阊门图》。

乾隆后期，桃花坞木刻年画中出现了多种形式的戏文故事、民间传说等，构图丰满而不拥塞，稳重而不呆板，具有浓厚的装饰性和趣味性。在年画题材的选择上，多以苏州一带的小桥流水、粉墙黛瓦、枕河人家、村姑少女、吴地习俗、苏州园林等为内容，使画面充满了江南水乡的风土人情和神韵，具有强烈的地域性和淳朴清新的乡土气息，从而使桃花坞木刻年画有所突破，达到了一个新的艺术境界，备受人们青睐，如《一团和气图》《黄金万两》《盘门三景》《老鼠嫁女图》《薛丁山西征》等。

2.苏州砖雕

在中国民间工艺美术品种中，砖雕是一种在特制的、质地细密的青砖上雕刻物象或花纹的工艺，也是一种历史悠久的建筑装饰艺术。砖雕主要用于寺塔、墓室、房屋等建筑物的壁面装饰，最早的记载出现于《左传》。砖雕自汉至清屡有发现，至近代发展为一种民间工艺，南方以苏州与嘉兴砖雕颇为出名。苏州砖雕可以说是江南砖雕的代表之一，苏州园林的兴起，促进了砖雕工艺水平的提高。苏州砖雕也因园林所具有的雅趣，形成了自己的特点，常在作品中点缀书法、印章等，与砖雕花卉构成集诗、书、画于一体的艺术作品，这与苏州这一文化名城的气氛十分协调。苏州玄妙观就有典型的砖雕样本，玄妙观观内三清殿中须弥座砖雕当为宋代砖雕的代表作之一。在近代的东山、西山的明代民居中，主人多以砖雕装饰。根据考古学家的研究，在明嘉靖年间，苏州砖雕已具有一定水平。苏州城北是明代砖窑的集中地，砖窑较多，因砖料质坚而重，民间多把这种砖称作"坚砖"。

苏州砖雕在明清时期，尤其在康熙以后，生产较多，雕厂较简陋。到乾嘉时期，砖雕技术有了进一步发展，不仅数量多，规模大，技法娴熟，而且人物栩栩如生，寓意深刻，工艺复杂。到嘉庆后期，砖雕技术逐渐衰落。苏州砖雕主要用来装饰建筑物的外观或内部，在厅堂前的门楼、照壁，以及墙的墀头与裙肩等部位，都有砖雕。苏州砖雕的内容多取材于戏曲故事、花鸟走兽、吉祥图案等，技法多用透雕、浮雕和线刻等，风格秀丽清新，细致生动。

苏州砖雕的艺术价值很高，雕刻的手法多种多样，既有平面浮雕、半圆凸浮雕、高凸浮雕，又有镂空雕刻。然而，主人因为不同的身份和社会地位、不同的审美和信仰表现出对砖雕艺术不同的欣赏方式，所以在苏州很多地方出现的砖雕艺术也以不同的方式呈现。很多富商官吏经常去外地游览，了解外地的文化，回到家乡后就会把外地的文化、艺术融合到自己的建筑中，从而造就了独特的审美法则和不同的艺术风格，使其具有与其他地方砖雕艺术不同的艺术价值。这种艺术价值体现在它的图案花纹、经营位置和书法题刻的精心雕琢上。

一般而言，规模宏大的富商宅院内庭，砖雕门楼大气蓬勃、富丽堂皇。如"江南第一门楼"——网师园藻耀高翔门楼（图4-22）。网师园是苏州典型的府宅园林，地处旧城东南隅葑门内阔家头巷，始建于南宋，旧为宋朝藏书家、官至侍郎的扬州文人史正志的万卷堂故址，花园名为"渔隐"，后被废弃。至清乾隆年间，退休的光禄寺少卿宋宗元购之，并予以重建，定名为"网师园"。宋宗元按照自己的审美和对民俗学的理解，建造了网师园的砖雕门楼，后又经过太仓富商瞿远村、江苏按察使李鸿裔、退居苏州的清朝将军达桂等人的反复修建，网师园的砖雕门楼得到了优化和发展。

图 4-22　网师园藻耀高翔门楼

在砖雕门楼上枋横匾是蔓草纹，线条流畅，结构清晰，富有动感。中枋横匾题"藻耀高翔"，左侧刻有"郭子仪上寿"的立体透雕戏文图。郭子仪是中国历史上有名的军事家，他不仅功劳显著、地位较高，而且子孙众多，有100多个子孙，因而成为中国人理想中多福多寿的象征。右侧刻有"周文王访贤"的立体透雕戏文图。姜子牙长须披胸，庄重地端坐于渭河边，周文王单膝下跪求贤，文武大臣前呼后拥，有的牵着马，有的手持兵器，浩浩荡荡。这里雕刻的是周文王访得姜子牙的场景。周文王以大德著称，姜子牙以大贤闻名，"周文王访贤"寓为"德贤兼备"。下枋横匾上刻有三个圆形的"寿"字，排列整齐。"寿"字周围，淡灰色的水磨青砖上刻有展翅飞翔的蝙蝠和在空中飘扬的一簇一簇云朵。在民俗中,蝙蝠中的"蝠"字和"福"字同音,所以是人们祈福的象征;"寿"字表示长寿,在过去的社会,人们往往会用这种形式满足自己的心理需求。

深藏在苏州大街小巷,以及古村老店的历代状元、文人旧宅的砖雕门楼同样雕琢精美。如平江路的潘宅、大石头巷的吴宅、东花桥巷的汪宅等,虽然它们不显繁缛华丽,但别有一番古朴雅致的韵味。各种人物花卉、鸟兽虫鱼、神仙故事等有吉祥寓意的图案,根据从前主人的喜好,又经过早年工匠的精心设计、编排布局,再加上名人的题刻,倒更与苏州人的禀性相和,既呈现出了吴门派系隽秀婉约的风格,又增添了苏州砖雕艺术的文化内涵。

(二)苏州传统戏曲

《红楼梦》第一回描述苏州阊门外的十里街在中秋佳节,"家家箫管,户户弦歌",官宦、富商之家的喜庆活动更是离不开戏曲的助兴。《红楼梦》第十六回中为了迎接元妃省亲,贾蔷应王熙凤的要求去苏州采办,花了贾府差不多三万两银子,其中不光有买十二个优伶的花费,还包括聘请教习和置办乐器行头等费用。但是从整体的花费上来看,这十二个优伶也价值不菲,说明苏州的戏曲艺术在当时的中国是首屈一指的。明清时期,苏州"商贾云集,宴会无时,戏馆数十处,每日演剧,养活小民,不下数万人"。清代顾禄《清嘉录》中记载:苏州戏园兴起后,"居人有宴会,皆入戏园"。苏州的昆曲与评弹的兴起,与皇家的推崇密切相关。

1. 昆曲(图 4-23)

昆曲也称"昆剧",是中国戏曲史上具有完整表演体系的剧种,被称为"百戏之祖,百戏之师"。由于昆曲气质高雅清秀,有"中国戏曲的幽兰"之美称,在音乐、文学、表演、武术等方面都对其他剧种有深刻的影响。2001年5月18日,昆曲被联合国教科文组织列为第一批"人类口头和非物质遗产代表作"。

图 4-23 昆曲

昆曲最早发源于元朝末年的昆山地区。自宋、元以来,中国戏曲有南、北之分,在不同地方,唱法也不一样。昆曲就有南昆、北昆两大流派,南昆用苏州官话和方言,北昆用京韵和京白,南昆、北昆在声腔上都以南曲为基础,吸收北曲的杂剧音乐。南曲流丽顺畅,适宜表现少男、少女爱慕与思念的感情,节奏舒缓,字稀腔长,旋律优美,悠扬细腻;北曲朴实慷慨,适合表现金戈铁马、英勇豪壮的人和事,声腔激越昂扬,急促与宽松的节奏皆备,富有阳刚之气。元朝末年,昆山千灯镇人顾坚等人把流行于昆山一带的南曲原有的腔调进行整理和改进,称为"昆山腔",这就是昆曲的雏形。

到了明嘉靖年间,被称为"曲圣"的戏曲音乐家魏良辅对昆山腔的声律和唱法进行了改革创新，吸取了海盐腔、弋阳腔等南曲的长处，发挥昆山腔自身流畅悠扬的特点，又吸收了北曲激越昂扬、结构四平八稳的特点，运用北曲的演唱方法，杂糅笛、箫、笙、琵琶等伴奏乐器，形成了一种细腻优雅的"水磨调"，通称"昆曲"。改良后的昆曲唱腔细腻，就像是苏州巧匠加工红木家具，用木贼草蘸水数百遍研磨而成，工艺精致。

昆山人梁辰鱼继承魏良辅的成就，对昆腔进行了细致的研究和改革，让昆曲以清唱的形式出现，终于使昆腔在没有大锣、大鼓烘托的气氛下也能够清丽悠远，而且旋律更加优美。梁辰鱼还对伴奏乐器也进行了改革，原来南曲以箫、管为主要伴奏乐器，为了使昆腔的演唱更富有感染力，他将笛、管、笙、琴、琵琶、弦子等乐器集于一堂，用来伴奏昆腔的演唱，获得成功。明隆庆末年，梁辰鱼编写了昆腔传奇——《浣纱记》。由于昆曲广泛的演出活动，明万历末年，昆曲经过扬州传入北京、湖南，一下子跃居各腔之首，成为传奇剧本的标准唱腔。到了清初，昆曲又向西、向南流传到川、黔、粤等地，慢慢成为全国性的剧种。之后，昆曲也在吴地方言的基础上，结合了传入地的方言和民间音乐，产生了众多流派，构成了丰富多彩的昆曲腔调，成为既有民族代表性又有世界声誉的戏曲体系。清乾隆时期，昆曲进入全盛时代，从此昆曲开始在梨园称霸，成为中国乃至世界现存最古老的戏曲形态之一。明朝散文家袁宏道在担任吴县县令时，曾经写过一篇有名的游记散文《虎丘记》，里面记载了苏州市民于中秋节到虎丘唱昆曲的盛况，一般称作"千人曲会"或"虎丘曲会"。他在文中写道："布席之初，唱者千百，声若聚蚊，不可辨识。分曹部署，竞以歌喉相斗，雅俗既陈，妍媸自别。未几而摇首顿足者，得数十人而已。已而明月浮空，石光如练，一切瓦釜，寂然停声，属而和者，才三四辈。一箫，一寸管，一人缓板而歌，竹肉相发，清声亮彻，听者魂销。比至夜深，月影横斜，荇藻凌乱，则箫板亦不复用。一夫登场，四座屏息，音若细发，响彻云际，每度一字，几尽一刻，飞鸟为之徘徊，壮士听而下泪矣。"

汤显祖《牡丹亭》讲述了一个因情而死、为情复生的故事。南宋时期，福建南安太守杜宝有个年轻貌美的女儿，名叫杜丽娘，她在梦中与少年书生柳梦梅幽会结合，此后得了相思病，一病不起，辞别人世。三年后，书生柳梦梅到都城临安去应考，经过杜丽娘的坟前，捡到了杜丽娘临终前的自画像，对这个女孩一见钟情。柳梦梅在杜丽娘坟墓旁边的房子里过夜，半夜，杜丽娘的鬼魂出来和他相会。柳梦梅挖开坟墓，杜丽娘终于又活过来了，二人结为夫妻，一起前往临安。可是，升任为宰相的杜宝坚决反对他们的结合，杜丽娘不改初衷，柳梦梅考中状元，由皇帝亲自做主赐婚，杜宝才认可了这门亲事，与女儿、女婿重归于好。这个故事唯美、重情，男、女主人公为爱情生生死死，历经坎坷，最后是皆大欢喜的大团圆结局。

2. 苏州评弹

走进苏州平江历史街区，你会感觉一下子从繁华喧嚣的城市走入古朴宁静的街巷当中。在平江路靠南端的一侧，有一条叫中张家巷的巷子，那里坐落着苏州评弹博物馆。还未走进馆中，高亢悠扬的声音就会传入你的耳朵，那便是被誉为"中国最美的声音"之一的苏州评弹，而声音是从放在苏州评弹博物馆大门口的多媒体视频中传出来的。2006年5月20日，苏州评弹经国务院批准被列入第一批国家级非物质文化遗产名录。

清乾隆年间，苏州弹词艺人王周士曾于"御前弹唱"，因其技艺高超，让乾隆皇帝听得龙颜大悦。但其人因秃顶，面生赤斑，被人称为"紫癫痢"。嘉庆年间，苏州弹词迅速发展，此时刻印传世的书目有《三笑》《倭袍传》《义妖传》《双金锭》等，知名的弹词艺人增多，特别是评弹发展史上的"前四大名家"[①]即于此时出现。"前四大名家""后四大名家"[②]都发展了王周士的书艺，丰富了上演书目，创造了流派唱腔，拓宽了技巧思路，奠定了今

---

① 前四大名家的说法不一致，一说是俞秀山、陈遇乾、姚豫章、陆瑞亭，一说是俞秀山、陈遇乾、毛菖佩、陆世珍。
② 后四大名家分别是马如飞、姚士章、赵湘洲、王石泉。

天苏州弹词的基本形式。

苏州评弹是苏州评话与苏州弹词的合称。苏州评话源于宋代的说话技艺。明末清初的著名评话艺人柳敬亭，曾在苏州及其附近一带说书，与苏州评话有着密切的渊源。清代中叶，苏州评话进入鼎盛时期，成立了苏州评弹最早的行会组织——光裕公所（后称"光裕社"）。在咸丰年间（1851—1861年）、同治年间（1862—1874年），出现了说《水浒》的姚士章等评话名家。苏州评话俗称"大书"，只说不唱，融叙事和代言为一体。叙事为说书人以第三人称之表述，代言为书中人物用第一人称的表演，称"起角色"。评话多为一人独说（单档），偶尔也有两人为双档的。演出注重说噱，对人物、事件进行评点，以史料、时事穿插印证。苏州评话的传统书目约有五十多部，其中包括讲史实的《西汉》《东汉》《三国》《隋唐》《金枪》《岳传》《英烈》等，俗称"长靠书"，又称"着甲书"；侠义性的《水浒》《七侠五义》《小五义》《绿牡丹》《金台传》等，俗称"短打书"。此外，还有神怪故事和公案书，如《封神榜》《济公传》《彭公案》《施公案》等。

苏州弹词，简称"弹词"，又称"小书"，发源于江苏苏州，盛行于苏、浙、沪的长江三角洲一带，是一种散韵结合的，以叙事为主、代言为辅的说唱艺术，使用语言为苏州方言。

苏州弹词的形式有单档（一人自弹自唱）、双档（两人分操琵琶和三弦演唱）及三人档，以两人说唱为主，上手持三弦，下手抱琵琶，自弹自唱，在叙述故事情节的过程中，分别模拟各种人物的身份、表情、动作，把听众带入书情之中。表演手段为说、噱、弹、唱，弹、唱，这些都是弹词表演的重要手段，曲调动听，音色悦耳，唱词雅致，音韵合辙，特别是用苏州方言说唱，因而委婉细腻，纤柔悠缓，荡气回肠，一波三折，自然从容而又富有韵味。书调在传唱中，又因艺人根据不同风格、演唱内容和创造性的发展而形成了30多种流派唱腔。传统具有代表性的节目有《三笑》《倭袍传》《描金凤》《白蛇传》《玉蜻蜓》《珍珠塔》等几十部。早期的著名弹词艺人有清代的王周士、陈遇乾、毛菖佩、俞秀山、陆瑞廷、姚豫章、马如飞、赵湘舟和王石泉等。自20世纪30年代以来，随着广播电台的兴起，苏州弹词进入鼎盛时期，节目丰富，流派纷呈，以演唱的音乐风格区分，就有"沈（俭安）调""薛（筱卿）调""魏（钰卿）调""夏（荷生）调""周（玉泉）调""徐（云志）调""蒋（月泉）调"等10多种。

苏州人喜欢"饭后一回书，赛过活神仙"，品茗听书是苏州人的生活方式。20世纪60年代评弹书场成为苏州人生活的一部分，特别是无线电技术的普及，一大批苏州弹词艺人借无线电广播《空中书场》将苏州评弹送到千家万户，弦索叮咚的回声在苏州的大街小巷飘荡，《三笑》《啼笑因缘》《珍珠塔》《描金凤》等书目家喻户晓，人们津津乐道。苏州评弹成为吴文化的符号之一。

参考文献

[1] 范成大.吴郡志[M].陆振嶽,校点.南京：江苏古籍出版社,1986.

[2] 孟元老.东京梦华录[M].北京：中国书店出版社,2019.

[3] 顾禄.清嘉录[M].来新夏,校点.上海：上海古籍出版社,1986.

[4] 顾禄.桐桥倚棹录[M].上海：上海古籍出版社,1980.

[5] 曹雪芹.红楼梦[M].北京：人民文学出版社,1982.

[6] 陆肇域,任兆麟.虎阜志[M].张维明,校补.苏州：古吴轩出版社,1995.

[7] 邓云乡.红楼风俗名物谭：邓云乡论红楼梦[M].北京：文化艺术出版社,2006.

[8] 蔡利民.苏州民俗[M].苏州：苏州大学出版社,2000.

[9] 顾颉刚.苏州史志笔记[M].王煦华,辑.南京：江苏古籍出版社,1987.

[10] 朱东润.中国历代文学作品选[M].上海：上海古籍出版社,2008.

[11] 陆文夫.美食家[M].北京：人民文学出版社,2014.

[12] 陆文夫.老苏州·水乡寻梦[M].南京：江苏美术出版社,2000.

[13] 吴眉眉.桃花坞岁时风情[M].济南：山东画报出版社,2012.

[14] 亦然.苏州小巷[M].苏州：苏州大学出版社,1999.

[15] 李嘉球.苏州状元[M].上海：上海社会科学院出版社,2003.

[16] 苏州民俗博物馆.苏州民俗[M].北京：中国民间文艺出版社,1986.

附　录

附录一 《清嘉录》目录[①]

卷一　正月

　　行春

　　打春

　　拜春

　　拜牌

　　岁朝（忌讳附）

　　挂喜神

　　上年坟

　　拜年

　　飞帖

　　开门爆仗

　　欢喜团

　　黄连头叫鸡

　　看风云

　　秤水

　　新年

　　烧十庙香

　　山川坛迎喜

　　状元筹

[①] 为方便读者阅读，特将古籍中繁体字、异体字改为简体字。

| 附　录

升官图

年节酒

小年朝

接路头

开市

七人八谷九天十地

看参星

斋天

祭猛将

点灶灯

爆孛娄

春饼

圆子油馄

灯市

走三桥

放烟火

闹元宵

打灯谜

三官素（七子山）

接坑三姑娘

百草灵

验水表

灯节

卷二　二月

玄墓看梅花

惊蛰闻雷米似泥

土地公公生日

掌①腰糕

文昌会

冻狗肉

百花生日

二月十二

观音生日

观音山香市（山篝）

木林柴

老和尚过江

神鬼天（落沙天）

春台戏

解天饷

卷三　三月

田鸡报（三月沟底白莎草变成麦）

野菜花（眼亮糕）

插杨柳

戴杨柳球

过节

青团炝熟藕

上坟

纸锭

---

① 掌同"撑"，现多用"撑"，下同。

山塘看会

犯人香（回残烛）

放断鹞

野火米饭

游春玩景（看菜花）

茶贡

谷雨三朝看牡丹

斋玄坛

白龙生日

东岳生日（草鞋香）

卷四　四月

立夏见三新

秤人

注夏

立夏三朝开蚕党

小满动三车

卖新丝

麦秀寒

卖时新

浴佛（放生会）

阿弥饭

七日八夜

蛇王生日

神仙生日

轧①神仙

剪千年蒀

神仙花

四月十六

药王生日

卷五　五月

修善月斋（毒月）

贴天师符

挂钟馗图

端五

称锤粽

雄黄酒

蒲剑蓬鞭

采百草（蟾酥）

健人

雄黄荷包裹绒铜钱

老虎头老虎肚兜

独囊网蒜

长寿线

五毒符

辟瘟丹（蚊烟）

划龙船（烟囱洞）

关帝生日（磨刀雨）

---

① 古籍中为"乬"，现多用"轧"。

黄梅天

梅水

三时

分龙雨

拔草风

卷六　六月

黄昏阵

六月不热五谷弗结

山糊海幔

龙挂

谢灶（素菜）

狗䐑浴

晒书

翻经

三伏天

凉冰

珠兰茉莉花市（诸色花附）

乘风凉

虎丘灯船

合酱

火神素

雷斋（接雷素）

封斋开荤

二郎神生日

荷花荡

消夏湾看荷花

辛斋

卷七　七月

预先十日作秋天

秋毂碌收秕谷（天收）

朝立秋淘飕飕夜立秋热吽吽（秋老虎）

立秋西瓜

巧果

磬巧

染红指甲

看天河

烧青苗

青龙戏

七月半

斋田头

盂兰盆会（水旱灯）

棉花生日

地藏王生日

卷八　八月

天灸

灶君生日

八字娘娘生日

八月半

小摆设

斋月宫

烧斗香

走月亮

塔灯

月饼

石湖串月

餈团

稻生日

木犀蒸

风潮

秋兴

处暑十八盆　白露身弗露　处暑若还天不雨纵然结实也难收　白露白迷迷秋分稻秀齐　稻秀只怕风来摆麦秀只怕雨来霖　分后社白米遍天下社后分白米像锦墩　寒露没青稻霜降一齐倒　霜降见霜米烂陈仓（未霜见霜粜米人像霸王）

卷九　九月

重阳信（九月九蚊虫叮石臼）

登高

重阳糕（夜作）

祭钉靴

旗纛信爆

菊花山

唤黄雀

养叫哥哥

斗鹌鹑

阳山观日出

卷十　十月

十月朝

天平山看枫叶

收租完粮

五风信

冬酿酒

炸蟹

盐菜

卷十一　十一月

冬至大如年

冬至团

拜冬

连冬起九

干净冬至邋遢年

冬春米

起荡鱼

乳酪

饧糖

窨花

三朝迷路发西风

弥陀生日

腊雪

卷十二　十二月

跳灶王

跳钟馗

腊八粥

年糕

冷肉（祭山猪）

送历本

叫火烛

打埃尘

过年

盘龙馒头

念四夜送灶

灯挂挂锭

冬青柏枝

口数粥

接玉皇

烧松盆

照田财

送年盘

年物

年市

年夜饭

安乐菜

暖锅

压岁盘（压岁钱、压岁果子）

辞年

守岁

守岁烛

老虎柏子花

过年鞋

门神

神荼郁垒（钟进士）

欢乐图

春联

封井

接灶

祭床神

掌门炭

节节高

富贵弗断头（兴隆）

年饭（万年粮米）

画米囤

听响卜

叛花

节帐

小年夜大年夜

附录二 《桐桥倚棹录》目录

卷一　山水

卷二　名胜

卷三　寺院

卷四　祠宇

卷五　冢墓塔院义冢

　　　冢墓
　　　塔院
　　　义冢

卷六　坊表义局会馆

　　　坊表
　　　义局
　　　会馆

卷七　汛地堤塘溪桥场街

　　汛地

　　堤塘

　　溪桥（浜泾附）

　　场街

卷八　第宅（园林附）

卷九　古迹

卷十　市廛

卷十一　工作

卷十二　舟楫园圃市荡药产田畴

　　舟楫

　　园圃

　　市荡

　　药产

　　田畴

任务检测

第一章 揭开古老神秘的东方面纱

第一节

1. 《清明上河图》是中国十大传世名画之一。它是一幅_____风俗画,也是北宋画家张择端仅见的存世精品,属国宝级文物,现藏于北京故宫博物院。

    A. 唐代　　　　　B. 北宋　　　　　C. 南宋

2. 清代宫廷画家徐扬的《姑苏繁华图》(原名《盛世滋生图》)是国家一级文物,原系清宫珍品,现藏于_____博物馆。该画反映了当时苏州"商贾辐辏,百货骈阗"的市井风情。

    A. 天津　　　　　B. 苏州　　　　　C. 辽宁省

3. 顾禄的《清嘉录》是一本记述以苏州为中心的江南岁时风俗的专著。

    A. 元代　　　　　B. 明代　　　　　C. 清代

4. 《红楼梦》第一回写道:"当日地陷东南,这东南一隅有处曰姑苏,有城曰_____者,最是红尘中一二等富贵风流之地。"

    A. 胥门　　　　　B. 阊门　　　　　C. 葑门

5. 《红楼梦》小说中贾宝玉一周岁之际,他的父亲贾政要试一试儿子将来的志向,就让贾宝玉"抓周",这是古代的民俗,此风俗始于_____。

    A. 魏晋南北朝　　B. 唐宋时期　　　C. 明清时期

6. 《红楼梦》中王熙凤出场时穿着的"五彩刻丝石青银鼠褂"中的"刻丝"指的是苏州的_____面料。

    A. 宋锦　　　　　B. 缂丝　　　　　C. 织锦缎

7. 《红楼梦》中描写的元宵灯节、除夕祭宗祠、端午贴符、中秋赏菊吃蟹等,无不是突出民俗文化的魅力。这句话的说法_____。

    A. 正确　　　　　B. 错误　　　　　C. 不确定

8. 《红楼梦》写神话故事"女娲补天"中女娲炼五色石补苍天，有一块石头因"无才补天"被女娲遗弃在青埂峰下。这句话的说法_____。

  A. 正确   B. 错误   C. 不确定

第二节 同步测试

1. 通常所说的五谷是指_____。

  A. 稻、黍、麦、薯、麻

  B. 稻、黍、麦、菽、麻

  C. 稻、秫、麦、菽、麻

2. 道家和儒家最大的区别就是儒家以"_____"为核心，道家以"_____"为核心；儒家讲求入世，道家讲求出世；儒家讲"先天下之忧而忧"，道家讲"采菊东篱下，悠然见南山"。

  A. 礼；道   B. 仁；礼   C. 仁；道

3. 长江流域的居民以_____为主食，制作了粽子、汤圆、年糕等美食。

  A. 高粱   B. 稻米   C. 面粉

4. "五谷"这一名词的最早记录，见于《_____》。

  A. 尚书   B. 礼记   C. 论语

5. 中国民俗文化的特征是：独立完整，延续不断；统一多样，开放包容；原始神秘，封建小农；人文伦理，宗教色彩。这句话的说法_____。

  A. 正确   B. 错误   C. 不确定

6. 中国古代是一个农耕社会，百姓祈求风调雨顺、五谷丰登、丰衣足食。风调雨顺就意味着五谷丰登，五谷丰登就意味着丰衣足食，丰衣足食就意味着社会安定。这句话的说法_____。

  A. 正确   B. 错误   C. 不确定

7. 龙是中华民族共有的图腾。龙的形象是以蛇为主体，集其他各种动物身上的特点而形成的。这可能意味着以蛇图腾为主的华夏氏族部落不断战胜、融合其他氏族部落，以及蛇图腾不断合并其他图腾逐渐演变为龙。这句话的说法_____。

  A．正确   B．错误   C．不确定

8. 在广西风景如画的桂林漓江有一种风俗叫"漓江渔火"，这是一种古老的习俗，一直流传至今。这句话的说法_____。

  A．正确   B．错误   C．不确定

第三节

1. 火把节是_____的传统节日。

  A．壮族   B．傣族   C．彝族

2. 既喜欢冷面、打糕、松饼，又喜欢汤、酱、泡菜的民族是_____。

  A．白族   B．满族   C．朝鲜族

3. 藏族会给来自远方尊贵的客人献上珍贵的礼品——美丽的哈达，这种习俗据说是从黄教祖师宗喀巴时代开始流传下来的，表示敬意。哈达的颜色有四种，正确的是_____。

  A．红、黄、黑、白   B．红、绿、蓝、白

  C．红、紫、蓝、白

4. 农历"三月三歌"节，是_____一个展现民族歌声的盛大节日。

  A．白族   B．壮族   C．傣族

5. 畲族举行婚礼时，邀请亲朋好友欢聚一堂，吃喜酒、贺喜事，结束后便搭好_____开始彻夜欢庆。

  A．舞台   B．歌台   C．竞技场

6. 彝族姑娘有一种奇特的帽子，这种帽子是用硬布剪成_____的形状。

  A．凤冠   B．鸟冠   C．鸡冠

7. 蒙古族历来崇尚白色，称过年为"白节"，蒙古族过年时要吃_____。

  A．手抓肉   B．手把肉   C．手撕肉

8. 在云南傣族风俗中,他们欢庆新年是在每年春天举行一个盛大的节日——泼水节,在泼水节里把水泼向别人是表示恭贺新禧和祝福的意思。这句话的说法_____。

  A. 正确   B. 错误   C. 不确定

讨论研究

1. 你对《红楼梦》小说中所描写的民俗印象深刻的有哪些?
2. 中国的农耕文明主要是指哪些内容?
3. 如何理解"百里不同风,千里不同俗"?
4. 中国的长城讲述着中华民族与其血脉相连的古老故事,请你谈谈有关长城的故事。
5. 中国人是龙的传人,中华民族是龙的民族,这其中有着深厚的历史渊源。请你查阅资料进行说明。
6. 中国古老民俗的传承有什么文化意义?

第二章　感受苏州民俗的别样风情

第一节

1. 关于拜年的说法错误的是_____。

  A. 从宋代开始把用名片拜年,称为"飞帖"

  B. 各家门前贴一个红纸袋,上面写着"接福",即承放飞帖之用

  C. 拜年方式不论人们年龄、辈分、社会地位都是一样的

  D. 压岁钱的"岁"与"祟"谐音,意味着压住邪祟

2. 老苏州人购买年货,最热闹的街是_____。

  A. 山塘街   B. 观前街   C. 平江路

3. "爆竹声中一岁除，春风送暖入屠苏。千门万户曈曈日，总把新桃换旧符。"这首古诗描绘的是我国民间_____的传统习俗。

   A. 重阳节　　　　　B. 春节　　　　　C. 端午节

4. 民谣中"二十三，糖瓜粘"指的是每年农历腊月二十三或二十四的祭_____。

   A. 祖　　　　　　　B. 灶　　　　　　C. 菩萨

5. 我国在_____各地崇尚红色的风俗已基本趋向一致，并沿袭至今。

   A. 汉朝以后　　　　B. 唐代以后　　　C. 元代以后

6. 以下关于年兽的说法正确的是_____。

   A. 古时候的"年"是一种凶猛的怪兽

   B. 年兽象征着吉祥、如意

   C. 因为年兽造型可爱、独特，所以我国人民对它格外喜爱

7. 老苏州人过春节最看重的活动是_____。

   A. 除夕吃年夜饭　　B. 大年初一拜年　C. 大年初五迎财神

8. 过春节，"福"字是可以倒贴的。这句话的说法_____。

   A. 正确　　　　　　B. 错误　　　　　C. 不确定

第二节

1. 中国传统婚房中，要点一对龙凤烛，称为"_____"，这一对龙凤烛通宵不灭。

   A. 喜烛　　　　　　B. 花烛　　　　　C. 对烛

2. 新婚夫妻在婚礼上一气呵成的"三拜"，顺序是_____。

   A. 夫妻互拜，再拜天地，三拜高堂

   B. 一拜天地，二拜高堂，夫妻互拜

   C. 先拜高堂，夫妻互拜，后拜天地

3. 历来婚礼都被认为是人生仪礼中的大礼，古人举行婚礼的吉时，大部分

在_____。

    A. 黄昏　　　　　　B. 早晨　　　　　　C. 下午

4. 我国古代月下老人做媒用的道具是_____。

    A. 柳枝　　　　　　B. 红线　　　　　　C. 桃枝

5. 我国婚礼习俗中，当男方来迎亲的时候，新娘家的大门起初是_____的。

    A. 大开　　　　　　B. 关着　　　　　　C. 半遮半掩

6. 苏州婚俗的先后步骤是：_____。

    A. 纳采、问名、纳吉、纳征、请期、亲迎

    B. 纳吉、问名、纳采、纳征、请期、亲迎

    C. 纳征、问名、纳吉、纳采、请期、亲迎

7. 关于婚礼习俗以下说法正确的是_____。

    A. 新房里一般都会有红枣、花生、桂圆和莲子。

    B. 古代，迎亲的队伍可以享受很多礼遇，只有遇到官员的官轿，才需要让路。

    C. 当男方来迎亲的时候，新娘家的大门起初是开着的。

8. 俗语有云，"一家有女百家求"。在同等身份条件下，女方也可以到男方家提亲。这句话的说法_____。

    A. 正确　　　　　　B. 错误　　　　　　C. 不确定

第三节

1. 苏州人的饮食基本原则是_____。

    A. 营养为先　　　　B. 不时不食　　　　C. 不鲜不用

2. 夏天，人的食欲减退，吃肉也要清爽可口，在苏州夏天吃的肉必然是_____，甚至单看菜名，就飘着一股清香。

    A. 霉干菜扣肉　　　B. 荷叶粉蒸肉　　　C. 酱汁肉

3. 河蟹味道鲜美，是江南地区人们的"心头好"，苏州地区最出名的当然

要数_____大闸蟹。

  A．阳澄湖   B．太湖   C．洪泽湖

4. 冬季食单里有一道特色菜叫"母油船鸭"，其中上等的酱油叫"母油"。古代在缸里做酱，_____酱油就是母油。

  A．第一坛   B．第二坛   C．第三坛

5. 端午节的习俗有很多，苏州人吃粽子是为了纪念历史人物_____。

  A．屈原   B．伍子胥   C．范蠡

6. 中国春节吃饺子象征着团圆欢聚，而饺子形似元宝，寓意是新的一年能_____。

  A．招财进宝   B．吉祥如意   C．身体健康

7. 苏州人所说的"冬至馄饨夏至面"，"夏至面"主要有_____。

  A．枫镇大面、三虾面、风扇凉面

  B．黄鱼面、熏鱼面、鳝鱼面

  C．素交面、雪菜肉丝面、卤鸭面

8. 在苏帮菜中用河虾制作的菜有很多，如油爆虾、盐水虾、碧螺炒虾仁等，其中碧螺炒虾仁是一道吴地的传统名菜。这句话的说法_____。

  A．正确   B．错误   C．不确定

讨论研究

1. 怎样看待人们记忆中的那种"年味儿"越来越淡的现象。

2. 请说说你家乡独特的婚礼风俗。

3. 以春节为例，说说苏州的传统美食有哪些。它们各有什么寓意？

4. 你喜欢看春节联欢晚会吗？请点评一下你最爱看的节目。

5. 春节期间，在你的家乡，你最喜欢的颇有年味的民俗是哪一种？

6. 请你介绍一种自己家乡颇有特色的美味。

第三章　领略苏州民俗的独特魅力

第一节

1. 邓尉山、香雪海位于苏州西南太湖之畔的_____。

   A. 临湖镇　　　　　B. 金庭镇　　　　　C. 光福镇

2. 明代著名的画家唐寅的画_____描绘的是香雪海美景。

   A.《山路松声图》　　B.《烟雨春色图》　　C.《秋风纨扇图》

3. 光福司徒庙是为纪念_____时期的开国元勋邓禹而建的。

   A. 东汉　　　　　　B. 西汉　　　　　　C. 东晋

4. 清代_____皇帝未曾到过香雪海。

   A. 康熙　　　　　　B. 雍正　　　　　　C. 乾隆

5. 司徒庙中有四株古柏,传说是大司徒邓禹所种的,距今已有1 900多年的历史。这四株古柏分别叫_____。

   A. 古、朴、苍、劲　　　　　　　B. 清、奇、古、朴

   C. 清、奇、古、怪

6. "邓尉梅花甲天下",一年一度的邓尉山梅花,招邀无数游客前来观赏,久而久之,"邓尉探梅"成为岁时风俗。每至花时,访寻春者络绎不绝。清康熙皇帝先后_____次到邓尉山赏梅,乾隆皇帝先后_____次到邓尉山赏梅。

   A. 三;六　　　　　B. 二;四　　　　　C. 五;六

7. 清康熙三十五年(1696年),_____巡抚宋荦来此赏梅,极目远眺,但见白梅似海,暗香浮动,于是题"香雪海"三个字,刻于崖壁之上。

   A. 苏州　　　　　　B. 两江　　　　　　C. 江苏

8. 据《光福志》载:"邓尉山里植梅为业者,十中有七。"清代诗人张诚有"望衡千余家,种梅如种谷"的诗。这句话的说法_____。

   A. 正确　　　　　　B. 错误　　　　　　C. 不确定

第二节

1. 苏州习俗"轧神仙"的"轧"字念_____。

   A. gá　　　　　　B. zhá　　　　　　C. yà

2. "轧神仙"的"轧"字的意思是_____。

   A. 挤　　　　　　B. 听　　　　　　C. 见

3. "轧神仙"是与八仙中的_____有关。

   A. 张果老　　　　B. 吕洞宾　　　　C. 铁拐李

4. "轧神仙"是苏州_____流传下来的敬神活动。

   A. 盘门　　　　　B. 胥门　　　　　C. 阊门

5. 苏州"轧神仙"是农历_____。

   A. 四月十二　　　B. 四月十三　　　C. 四月十四

6. "轧神仙"庙会起源于_____，历经元、明两代，到清代尤为兴盛。

   A. 唐代　　　　　B. 北宋　　　　　C. 南宋

7. 清代苏州风俗诗人_____描写"轧神仙"："福济喧游四月天，笋鞋争踏运千年。神仙轧处香尘涌，剩有归人拾翠钿。"

   A. 沈朝初　　　　B. 袁学澜　　　　C. 顾禄

8. 吕洞宾的形象通常是身背宝剑，手拿拂尘。相传，吕洞宾用的是纯阳剑，有震慑群魔的作用。人们对吕洞宾喜爱有加，有的画像中把铁拐李所携象征普济众生的_____也给了吕洞宾，让他多承担了一伤治病救人的神力。

   A. 葫芦　　　　　B. 花篮　　　　　C. 宝瓶

第三节

1. 苏州端午划龙舟主要是为了纪念_____。

   A. 屈原　　　　　B. 伍子胥　　　　C. 范仲淹

2. 中国的端午节是农历_____。

A. 二月二　　　　　B. 四月四　　　　　C. 五月五

3. 苏州的_____是为了纪念伍子胥而命名的。

   A. 平江河　　　　　B. 山塘河　　　　　C. 胥江

4. 在苏州端午节的风俗中，苏州人端午节不在家门口挂的是_____。

   A. 艾叶　　　　　　B. 菖蒲　　　　　　C. 香袋

5. 端午节，苏州风俗要戴香囊。香囊上的图案一般有十二生肖、狮子、双鱼、珍禽、瑞兽、_____等吉祥图案。

   A. 菖蒲、蔬菜、瓜果　　　　　　B. 花草、蔬菜、瓜果

   C. 大蒜、花草、瓜果

6. 古代，苏州赛龙舟最热闹的地方有_____，以及南濠、北濠、枫桥、西津桥和山塘河一带。

   A. 胥门、盘门　　　B. 胥门、阊门　　　C. 阊门、平门

7. 苏州民间有端午节小孩穿上"五毒衣"，可以辟邪去秽的习俗。"五毒衣"是由杏黄色的布料制作而成的，印有_____五种毒虫的形状。

   A. 蜈蚣、老鼠、蟑螂、臭虫、蛇

   B. 蝎子、蛇、蜈蚣、老鼠、蟑螂

   C. 蝎子、蛇、蜈蚣、蜘蛛、蟾蜍

8. 端午节每户人家会在早晨就给孩子手腕、脚腕和脖子上拴上五色彩丝线，以避五毒。这句话的说法_____。

   A. 正确　　　　　　B. 错误　　　　　　C. 不确定

第四节

1. _____辞官后隐居，并以"石湖居士"自称。

   A. 范仲淹　　　　　B. 范蠡　　　　　　C. 范成大

2. 农历八月十八，苏州人最喜欢去城南_____。

   A. 祭祀五神通　　　B. 石湖赏串月　　　C. 楞伽山焚香

3. 历史上到过楞伽山的帝王是_____。

   A. 康熙　　　　　　B. 雍正　　　　　　C. 乾隆

4. 楞伽山又名"_____"。

   A. 灵岩山　　　　　B. 天平山　　　　　C. 上方山

5. 范成大的_____是他田园诗的代表作之一。

   A.《初约邻人至石湖》　　　　　B.《四时田园杂兴》

   C.《州桥》

6. 清代诗人沈朝初在《忆江南》一词中写道:"苏州好,串月有长桥。桥面重重湖面阔,月亮偏偏桂轮高,此夜爱吹箫。"诗中的长桥指_____。

   A. 越城桥　　　　　B. 宝带桥　　　　　C. 行春桥

7. _____在《重修行春桥记》中写道:"往来憧憧,如行图画间。凡游吴而不至石湖,不登行春(桥名),则与未始游者无异。"与苏轼之句"到苏州而不游虎丘,乃憾事也"有异曲同工之妙。

   A. 范蠡　　　　　　B. 范仲淹　　　　　C. 范成大

8. 石湖曾是春秋时期吴国的王室苑园,也是吴越争霸的古战场。吴国被越国灭亡后,石湖开始沉寂。相传,吴越争霸之际,越国名臣范蠡在灭吴后,带着西施从石湖归隐太湖,故附近有镇名"蠡墅"。这句话的说法_____。

   A. 正确　　　　　　B. 错误　　　　　　C. 不确定

第五节

1. 相传与白居易有关的天平山景观是_____。

   A. 万笏朝天　　　　B. 一线天　　　　　C. 白云泉

2. 天平山枫林被称为"万丈红区",天平山红枫实为_____。

   A. 彩色枫　　　　　B. 七色枫　　　　　C. 五色枫

3. 相传与范仲淹有关的天平山景观是_____。

A. 万笏朝天　　　　　B. 一线天　　　　　C. 万丈红区

4. 天平山"三绝"是_____。

   A. 奇石、清泉、红枫　　　　　B. 奇峰、红枫、山谷

   C. 梧桐、垂柳、瀑布

5. 天平山的枫林据说有400多年的历史,相传是范仲淹的第_____世孙、福建布政使司右参议范允临在明万历年间从福建带回来380余株枫树苗植遍天平山山麓。

   A. 十五　　　　　B. 十六　　　　　C. 十七

6. 深秋初冬是观赏红枫的最佳季节,中国四大赏枫胜地分别是_____。

   A. 北京香山、江西婺源、苏州天平山、长沙岳麓山

   B. 北京香山、南京栖霞山、苏州天平山、长沙岳麓山

   C. 北京香山、南京栖霞山、湖北神农架、苏州天平山

7. 天平山被称为"吴中第一山",有"江南胜境"之美誉,是中国四大赏枫胜地之一。这句话的说法_____。

   A. 正确　　　　　B. 错误　　　　　C. 不确定

8. 天平山白云泉泉水甘洌醇厚,相传唐代编著《茶经》的陆羽称赞此泉为"吴中第一泉"。这句话的说法_____。

   A. 正确　　　　　B. 错误　　　　　C. 不确定

第六节

1. 寒山寺建成于_____。

   A. 唐朝　　　　　B. 宋朝　　　　　C. 梁代

2. 以下_____不是寒山寺除夕夜举行的仪式。

   A. 音乐演出　　　　　B. 讲述寒山与拾得的故事

   C. 法师撞钟108下

3. 《枫桥夜泊》这首诗的作者张继是_____的诗人。

A. 唐朝 B. 宋朝 C. 明朝

4.《枫桥夜泊》这首诗中提到的意象是_____。

A. 云影 B. 渔火 C. 客船

5. 除夕夜，寒山寺钟声会敲响_____下。

A. 107 B. 108 C. 109

6. 寒山与拾得后被人传颂为"和合二仙"。他们手持的物品，分别是_____、_____、_____。

A. 荷花、盒子、蝙蝠 B. 荷花、盒子、佛珠

C. 盒子、并蒂莲、佛珠

7. 除夕之夜，在寒山寺听钟声活动，不仅可以观赏姑苏龙灯、舞狮、杂技、歌舞、评弹、戏曲等地方文艺表演，还可以聆听108响迎接新年的钟声。这句话的说法_____。

A. 正确 B. 错误 C. 不确定

8. 寒山与拾得两位大师，是唐代天台山国清寺隐僧，他们行迹怪诞，相传是文殊菩萨与普贤菩萨的化身。这句话的说法_____。

A. 正确 B. 错误 C. 不确定

讨论研究

1. 你还知道哪些观梅、赏梅的好去处？

2. 你还知道哪些关于吕洞宾的故事？

3. 你还知道哪些关于伍子胥的故事？

4. 谈谈各地端午节风俗习惯的异同。

5. 你参加过"轧神仙"庙会吗？如果有，请谈谈你的见闻；如果没有，请谈谈你所知道的关于"轧神仙"的知识。

6. 范成大的《初约邻人至石湖》一诗描绘了怎样的生活场景，蕴含了诗人怎样的情怀？

7. 如何理解范仲淹的"先天下之忧而忧,后天下之乐而乐"?这句话体现了范仲淹怎样的思想?

8. 张继的《枫桥夜泊》描绘了怎样的一幅景象?这首诗能流传千年的原因何在?

第四章　体会苏式生活的精致典雅

第一节

1. 中央电视台出品的纪录片《舌尖上的中国》特别介绍了苏州著名的"_____"。

   A．枫镇大面　　　　B．奥灶面　　　　C．卤鸭面

2. 陆文夫的小说《美食家》是他的巅峰之作,在1983年发表于《收获》,并获得第_____届全国优秀中篇小说奖。

   A．二　　　　　　　B．三　　　　　　C．四

3. 李公堤是苏州园区金鸡湖中唯一的湖中长堤,全长1 400米,系清朝元和县令_____所建。

   A．李伯元　　　　　B．李秋亭　　　　C．李超琼

4. 老苏州人的一天通常从_____开始。

   A．一碗粥　　　　　B．一碗面　　　　C．一杯茶

5. 苏州古城至今保持着"_____"的双棋盘格局和"小桥流水、粉墙黛瓦"的独特风貌。

   A．水陆并行、河道相邻　　　　B．枕河人家、河道纵横
   C．水陆并行、河街相邻

6. 在苏州著名的园林网师园的夜花园里,可以欣赏著名的昆曲《_____》中的"游园惊梦"。

   A．桃花扇　　　　　B．牡丹亭　　　　C．长生殿

7. 苏州老字号菜馆_____两次登上银幕，并被拍成电影。

　　A. 松鹤楼　　　　B. 王四酒家　　　C. 得月楼

8. 苏州著名的山塘街是"老苏州的缩影、吴文化的窗口"。这句话的说法_____。

　　A. 正确　　　　　B. 错误　　　　　C. 不确定

第二节

1. 平江路悬桥巷内住过一位"红粉佳人"，她就是著名的_____。

　　A. 陈园园　　　　B. 柳如是　　　　C. 赛金花

2. 山塘街上"五人墓"就是我们高中语文学过的张溥写的《五人墓碑记》中的五人之墓。"五人墓"安葬着明末颜佩韦等五位义士，他们为了抗议明末以魏忠贤为首的阉党逮捕东林党人_____，率民众抗争，最后慷慨就义。

　　A. 周顺昌　　　　B. 顾宪成　　　　C. 左光斗

3. 苏州山塘街的安泰救火会始建于清末民初时期，取名"安泰"的含义有二：一是"安""泰"两字都有平安、太平的意思；二是这两个字中包含着"_____"的意思。

　　A. 安静而太平　　B. 耸立如高楼　　C. 安稳如泰山

4. 苏州人吃面讲究吃"头汤面"，如要求多放点葱、多点汤、浇头不要放在面上。这就是_____。

　　A. 免青、宽汤、浇头过桥　　　　　B. 重青、紧汤、浇头过桥

　　C. 重青、宽汤、浇头过桥

5. 苏州平江路上的"船屋"就是形状像船的_____。

　　A. 房子　　　　　B. 亭子　　　　　C. 长廊

6. 唐代刺史_____到苏州开凿了山塘河，修建了山塘街，从此大大便利了灌溉和交通，这一带成了热闹繁华的市井。

A．韦应物　　　　B．白居易　　　　C．刘禹锡

7. 影视演员韩雪说苏州给她留下了特别多的回忆，她记得小时候春游、秋游都会重复去_____，因为这里离她就读的小学特别近。

A．沧浪亭　　　　B．狮子林　　　　C．留园

8. 清朝时期，宫廷画家徐扬创作了《姑苏繁华图》（原名《盛世滋生图》）。这幅画描绘了当时苏州的一村、一镇、一城、一街，其中的一街画的就是平江路。这句话的说法_____。

A．正确　　　　　B．错误　　　　　C．不确定

第三节

1. 苏州明清民居始终保持着"水陆并行、河街相邻"的风貌。根据建筑和河道的位置，其布局大体可分为_____三种。

A．面水、临水和跨水　　　　　　B．面水、背水和跨水

C．临水、背水和跨水

2. 姑苏城内外仍保存着七座始建于800年以前的古塔，这些古塔多始建于北宋至南宋年间，七座古塔中为首的是苏州的标志性建筑——虎丘塔，它是一座砖塔，又叫"_____"，始建于五代后周显德六年（959年），北宋建隆二年（961年）建成。

A．云岩寺塔　　　B．报恩寺塔　　　C．灵岩寺塔

3. 苏州古老的宝带桥，始建于唐元和元年（806年），相传是唐代苏州刺史王仲舒捐_____资助修建，故取名"宝带桥"。

A．俸禄　　　　　B．玉带　　　　　C．官饷

3. 苏州于_____被联合国教科文组织授予"手工艺与民间艺术之都"的荣誉称号。

A．2013年12月　B．2014年12月　C．2015年12月

4. 明隆庆末年，梁辰鱼编写了第一部昆腔传奇《_____》。明万历末年，

昆曲传入北京，一下子跃居各腔之首，成为传奇剧本的标准唱腔。

　　A. 牡丹亭　　　　　B. 桃花扇　　　　　C. 浣纱记

5. 苏州弹词简称"弹词"，又称"小书"，发源于江苏苏州，盛行于苏、浙、沪的长江三角洲一带，是一种散韵文体结合，以_____的说唱艺术。

　　A. 叙事为主、代言为辅　　　　　　B. 表演为主、叙事为辅

　　C. 表演为主、代言为辅

6. 苏州桃花坞木刻年画的形式主要有_____。

　　A. 门画、屏条、对联　　　　　　　B. 中画、屏条、门画

　　C. 门画、中画、对联

7. 苏州网师园的"藻耀高翔"门楼，左侧刻有"_____"的立体透雕戏文图。

　　A. 郭子仪上寿　　　B. 文王访贤　　　C. 姜太公钓鱼

8. 苏州评弹是苏州评话和苏州弹词的合称。苏州弹词的表演手法是_____。

　　A. 说、表、弹、唱　　B. 唱、念、做、表　　C. 说、噱、弹、唱

讨论研究

1. 老苏州人吃面有什么讲究？
2. 唐朝诗人杜荀鹤在《送人游吴》中写道："君到姑苏见，人家尽枕河。古宫闲地少，水港小桥多。"你如何看待苏州古城的小桥流水人家的生态环境？
3. 请谈谈你对苏州平江路和山塘街的认识。
4. 苏州人讲究"不时不食"，你能举一些例子来说明吗？
5. 老苏州人的一天是怎么度过的？
6. 苏州的民居有什么特色？
7. 苏州的古桥比较著名的有哪几座？
8. 苏州颇具代表性的非物质文化遗产昆曲和评弹有何特色？

写在后面的话

| 苏式生活　民俗风雅 |

　　风俗是人类历史的产物，各地的习俗，都有渊源，一事一物，皆关文化。人们往往将由于自然条件的不同而形成的行为规范差异，称为"风"；将因社会文化的差异所形成的不同的行为规则，称为"俗"。风俗包罗万象，大的方面包括政治、经济、文化、信仰等。具体来说，凡生产、贸易、居住、饮食、器物、服饰、娱乐、婚嫁、丧葬、祭祀、礼仪、岁时节令、语言等，形成习惯，世代传承，是为风俗。风俗既是社会上长期形成的风尚、礼节、习惯等的总和，也是特定社会文化区域内人们共同遵守的行为模式或规范。

　　苏州自古至今均为"土风清且嘉，文采风流地"。清代苏州文士顾禄所著的《清嘉录》，记述苏州及其附近地区的节令习俗，大量引证古今地志、诗文、经史，并逐条考订，是研究明清时期民间风俗不可不读的原汁原味的历史文献。此书以十二月为序，文笔优美，叙事翔实，为历代民俗研究者所看重。

　　顾禄，字总之，一字铁卿，是吴县人。在他二十五岁时，母亲去世。依照当时的规定，他必须为去世的母亲守孝，闭门服丧（称为"丁忧"），不再出游。在此期间，顾禄"日与父老谈吴趋风土"，并开始撰写苏州风土记——《清嘉录》。

　　几年之后，他将"目之所见，耳之所闻"写作成书，是为《清嘉录》。此书于清道光十年（1830年）刊行，距今已近两百年。顾禄把吴地四时好景、民俗风土皆录其中。行春打春食春饼，谷雨三朝看牡丹。旧日繁华，如烟云矣。"清嘉"一词，原出自西晋陆机《吴趋行》中的"山泽多藏育，土风清且嘉"之语。《清嘉录》是一部辑录地方文献、记叙一邑风俗的"笔记"。所谓"笔记"，在传统目录学中，笔记常被纳入"小说"类。"小说"一词，最早见于《庄子·外物》："夫揭竿累，趣灌渎，守鲵鲋，其于得大鱼难矣。饰小说以干县令，其于大达亦远矣。"这里的"小说"是指那些内容琐屑、不合大道的言谈。因此，古代"小说"的概念与今天"小说"的概念，自然相差甚远。

《清嘉录》全书共分十二卷，每月一卷，按月分条记录民间节令风俗，引录有关诗词，凡二百四十二则。当代史学家来新夏曾点校此书，他在前言中说："其能以月为序，以节令民谚为题，叙地方风土人情，娓娓详备，兼能参稽群籍，附加考按者，自当以《清嘉录》为最。"

清道光二十年（1840年），《桐桥倚棹录》开始刊印。《桐桥倚棹录》是一部重点记述清朝吴中"岁时节物之所陈，市肆好尚之所趋，街谈巷议，农谚山谣"的地方小志，对今人了解古代风土人情、时令习俗，以及当时社会的政治、经济等方面的情况，都具有重要的参考价值。

顾禄先是借住塔影山馆，因梅雨涨水，移居东溪别业，亦名"抱绿渔庄"，带着他的蟾姬、鳌儿辈"吟诗读画，消遣岁月"之余，则寻访当地的山光古迹，风雨无间，亲撰笔记，并求证于父老。周作人在《夜读抄》中评道："顾禄富有才情，兴趣广泛，勤于著述，《清嘉录》和《桐桥倚棹录》乃是他的最大贡献，两书实为清代地方风土小志中的翘楚。"

清道光二十二年（1842年），《桐桥倚棹录》刊刻完成，而顾禄的人生也快走到尽头。顾禄被友人诱惑拉拢，觊觎一位富族的家财，诬告富人行为不轨，富人试图出钱消灾，但是顾禄贪心无厌，富人最终诉讼到官府，顾禄因此受到杖刑，并被打入牢狱。

后来，顾禄不堪打击，在撰写完《桐桥倚棹录》的第二年就去世了。顾禄的富贵身世、狎邪青春、不仕终生、诗情文茂总让人怀恋。

《清嘉录》和《桐桥倚棹录》都记述了清代江南的民俗风情，保存了不少可贵史料，《清嘉录》关于"过年"的记载格外详细。苏州人将除夕的前一天"谓之小年夜，又曰小除夕"，又将"家人围炉围坐，小儿嬉戏，通夕不眠，谓之守岁"。《清嘉录》里记载了当时苏州人在春节期间祭祖、拜年等一系列习俗，过年一直要持续到元宵节才算结束。《清嘉录》记载了元宵那天的场景，"（苏州）阊门以内，大街通路，灯彩遍张，不见天日"，字里行间亦足以想象其壮观场面。还有好事者在灯上贴题，任人商揣，谓之"打灯谜"。元宵过后，人们又重新开始正常的作息。尽管《清嘉录》里记载的过年习俗历经两百年的日变益新，有些已经湮没无闻，但是对于中华民族而言，有一点终究是亘古不变的，那就是过年是四季忙碌生活的一次终结，辛苦一年的人们在此期间停下脚步，暂作休息，而春节又是另一年的开始，寄托了人们对于未来崭新的希望。

  如今在苏州古城内，人们的生活起居沿着街巷展开，你只要侧过脸，转过头，就会看到斑斑驳驳的小桥、石板路上，人们悠然走过的身影。在古旧的房子里，主妇们正在准备晚饭；院门口，老人们有的在看报纸，有的在下棋；小孩子们在做作业、嬉笑玩耍……走在巷子里，身后两米开外的河边，刷洗完竹篮的老妪缓步迈上台阶，瞥了一眼外国人画布上的丹青，不动声色地转进家门。河的这边，几个举着长枪短炮的摄影师对准画家和他笔下的风景，按了好一阵快门。一连串清脆的自行车铃声踩着碾过石板路的欢快节奏，一转眼，赶路的骑车人倏地消失在街角，不知道藏到了哪条巷子中了。